A LA RECHERCHE D'UN AVOCAT

VÉRITÉ

SUR

L'AFFAIRE LACAN

Portrait et Extraits de notes originales

DE

M. Gustave LACAN

Annotations de la Veuve

sur la

PLAIDOIRIE DU 9 JUIN 1928

PRISE PAR

M. Victor BUET

Sténographe assermenté

LYON

IMPRIMERIE EXPRESS

46, Rue de la Charité, 46

—

1929

VÉRITÉ

SUR

L'AFFAIRE LACAN

Portrait et Extraits de notes originales

DE

M. Gustave LACAN

Annotations de la Veuve

sur la

PLAIDOIRIE DU 9 JUIN 1928

PRISE PAR

M. Victor BUET

Sténographe assermenté

LYON

IMPRIMERIE EXPRESS

46, Rue de la Charité, 46

—

1929

M. Gustave LACAN, en 1909,
avant qu'il fût atteint de cécité.

Affaire LACAN contre LACAN
Mai 1929

La haine ! Toujours la haine ! Contre un père même au delà de la tombe : telle est l'affaire Lacan. Ce sentiment de haine pousse mon beau-fils à ne pas comprendre les conseils qui lui sont donnés par ses pairs, par des hommes de cœur et d'honneur, par l'avance que j'ai faite en écrivant le 28 novembre 1928 à Monsieur le Bâtonnier : « ... En mémoire du malheureux père « martyr, qui a perdu la vue de chagrin, qui a souvent tenté, « notamment avec le concours de son ami, M. Anselle, président « de la Première Chambre, une réconciliation et qui, le jour « même de l'armistice, lui disait en pleurant : « Avec mes « enfants, rien à faire », je veux essayer une dernière fois « d'arrêter le scandale de cet odieux procès. C'est pourquoi je « vous demande, Monsieur..., si vous voulez bien m'aider à en « terminer *de suite* avec mes beaux-enfants................
« ....

« Mon intention, si l'on me propose une solution équitable, « que je puisse accepter, est de vous prier de faire le partage des « papiers et médailles venant du Bâtonnier Lacan entre les « petits-enfants et en leur remettant ces précieuses reliques, en « souvenir de leur grand-père, mon mari, d'y joindre pour cha- « cun d'eux sa photographie... »

Avance à la suite de laquelle mon avoué m'a écrit : « sur « diligences de votre adversaire nous avons été distribués à la « Première Chambre de la Cour. J'ai pris des conclusions en « votre nom pour éviter un arrêt de défaut, mais ces conclusions « sont tout à fait banales et ce ne sont pas, bien entendu, celles « sur lesquelles la Cour sera appelée à statuer. »

Mᵉ Lacan compromet la dignité du Conseil de l'Ordre des Avocats, on se demande, en effet, comment celui-ci l'a accepté dans son sein. « Avocat, il se sert de moyens anonymes, injurieux, « connaissant la portée de ses actes et la teneur des lois qui « régissent la matière, et notamment celle du 11 juin 1887 qui « a frappé de peines correctionnelles quiconque aura expédié « par l'Administration des Postes et Télégraphes une corres- « pondance à découvert (ci cartes postales) contenant une diffa- « mation ou une injure. » (Note de 1924. Voir aussi note de son père, 1922, page 28.) Cette place de membre du Conseil de l'Ordre devrait être occupée par l'avocat aveugle de guerre, M⁰ Scapini, honorant dans sa personne les membres du barreau de Paris, mutilés ou morts pour la France.

Après la mort de son malheureux père, Ad. Lacan se jette sournoisement sur la veuve (voir pages 32-43, notes des 10 octobre, 28 novembre 1928, février 1929).

Il entraîne dans sa cause des hommes de loi, notaire, avocats, qui ne se documentent pas autrement que par lui, qui ment, invente et trame toutes sortes d'infamies, n'ayant qu'un but, satisfaire sa haine contre son infortuné père, afin de détruire sa bonne réputation, espérant par ces moyens faire accepter son infâme conduite, **l'abandon de son père aveugle.**

M⁰ Lacan, avec sa haine, voudrait faire croire que son père aurait commis la mauvaise action de faire signer à sa future un contrat de mariage, la dépouillant de tout son avoir. Personne ne croira jamais que M. Gustave Lacan, qui faisait un mariage basé sur l'estime et la profonde affection, pour lequel il abandonnait à ses enfants plus de 300.000 francs, aurait fait une mauvaise action qui puisse se retourner contre sa mémoire. Sa vie, son passé, sa réputation toute de dignité, de loyauté et de bonté, l'auréole dont son nom reste entouré par tous ceux qui l'ont approché, l'estime dont il jouissait dans sa haute situation, sont garants de ses sentiments de droiture, de même que ceux de mon notaire, M⁰ Huillier, qui restera une des belles figures du notariat parisien, ni l'un, ni l'autre, ne se serait prêté à faire signer un contrat pouvant se retourner contre la future épouse qui venait en pleine confiance en eux, sans avoir même eu préalablement la minute du contrat de mariage (1).

L'article 3 de mon contrat de mariage (page 11) dont M⁰ Lacan veut profiter, personne n'en connaît mieux l'auteur que lui (2).

Mon mari m'a toujours dit, et, tout le prouve, les notes personnelles qu'il laisse et qu'il écrivait, sortes de mémoire où il montrait ses souffrances (voir pages 41-42, quelques extraits des notes de M. Gustave Lacan) qu'au moment de notre mariage, il était affolé par ses enfants, qui allaient voir parents, amis, connaissances, auxquels ils faisaient écrire et rendre des visites à

---

(1) M⁰ Huillier devait être un de mes témoins. A la dernière minute, alors qu'on l'attendait, M. Chain, maire du 9⁰ arrondissement, avait offert de le remplacer (M. Louis Binoche, cousin du marié et adjoint, devait procéder à la cérémonie), mais ce fut le clerc qui devait succéder à M⁰ Huillier, qui me servit de témoin, mon notaire, sans aucun doute, avait relu mon contrat de mariage.

Durant toute sa vie, M⁰ Huillier s'est montré parfait pour moi, sa correspondance en est la meilleure preuve. S'il eût survécu à mon mari, il eut rempli son rôle de notaire avec toute la dignité et la conscience qu'il comporte.

(2) L'article 7 (page 13), donation du futur époux, est la preuve des intentions loyales de mon mari.

M. Gustave Lacan pour empêcher notre union. Mon mari m'a dit aussi sa crainte que tout n'arrivât aux oreilles de ma mère et aux miennes, et que notre mariage ne se fît pas (1).

En voyant la conduite de mes beaux-enfants envers leur père, vis-à-vis de moi depuis vingt-cinq ans, hélas ! que je suis leur belle-mère, je comprends et excuse mon mari de la légèreté qu'il a eue de ne pas s'entourer de toutes les précautions voulues au moment de notre contrat de mariage dans lequel une modification dans l'ordre des mots défigure complètement les intentions d'un honnête homme. La fatalité aussi s'en est mêlée. Le Nonce, qui devait bénir notre union ayant été appelé à Rome, la date a dû en être rapprochée. Mᵉ Huillier, absent de Paris, pour les fêtes de Pâques, n'est revenu que le matin du 12 avril 1904, juste au moment de la signature du contrat. Etant dur d'oreille, il n'a pas prêté toute l'attention voulue à la lecture faite par son clerc, or le mariage civil avait lieu le même jour, à 4 heures.

Mes beaux-enfants, dans leur méchanceté, ont donc été servis aussi par les circonstances. Il ont fait le désespoir de leur père qui, pour me sortir de leurs griffes, voulait se faire naturaliser Suisse, suivant les conseils de son ami d'enfance, Etienne Lami. « Il existe à ce sujet une correspondance. »

Mais Dieu n'a pas permis qu'il fît ce suprême sacrifice, et il est mort Français dans son pays, avec sa femme à son chevet. Je me demande quelles ont été ses suprêmes pensées, il avait perdu l'usage de la parole, pendant les dernières heures de sa vie, tout en ayant encore sa connaissance. Je constatais qu'il me l'exprimait par ses pressions de main. Jamais, je n'oublierai les moments que j'ai passés, seule à son chevet, dans sa chambre chez les Frères Saint-Jean-de-Dieu ; ceux qui connaissent cette maison de santé peuvent s'en rendre compte.

J'écrivais, en octobre 1926, à mes beaux-enfants : Vous luttez pour l'argent, moi pour l'honneur.

Il ne faut pas que ce procès de succession puisse, un jour, être une cause de désunion parmi les petits-enfants de mon mari, à qui j'ai toujours promis de faire aimer et respecter sa mémoire.

Afin d'accomplir la promesse renouvelée à mon cher disparu à son lit de mort, aucun sacrifice ne doit me coûter. Mais il faut que je trouve **aide, assistance et protection** parmi les hommes de cœur et de conscience qui finiront, je l'espère, par être touchés de voir une malheureuse qui **ne cherche pas la lutte, mais se**

---

(1) Mᵉ Huillier, auquel j'avais fait part de l'attitude, notamment de la froideur de la famille de mon futur à mon égard, me répondit : « J'ai été, maintes fois, témoin de cas semblables, aussitôt après votre mariage, toute cela cessera. »

Mᵉ Huillier n'avait pas compté sur la stupide mentalité de la famille Lacan.

débat, depuis près de quatre ans qu'elle est veuve, contre la lâcheté de l'avocat Lacan qui profite de ce qu'il appartient aux milieux du Palais, de ce qu'il connaît à fond le maquis de la Procédure et enfin de ce qu'il se trouve posséder de la fortune. Mais rien ne m'enlèvera la confiance que j'ai de voir éclater et triompher la vérité dans l'affaire Lacan contre Lacan.

Malheureusement, pour arriver à ce but, « que l'on s'intéresse à ma cause », il faut que, par tous les moyens, je fasse connaître ma situation, les souffrances de notre infortuné et malheureux ménage depuis vingt-cinq ans.

Si j'ai attendu bien les mois avant de publier et d'envoyer cette brochure, c'est uniquement par reconnaissance envers Me Ribadeau-Dumas qui a bien voulu prendre, de la manière la plus désintéressée, ma cause en mains et qui, depuis qu'il s'en occupe, s'était créé l'illusion qu'il allait la terminer par un arrangement amiable.

Qui pourrait me blâmer de mettre tout mon cœur, toute ma conscience à défendre la mémoire de mon mari.

25 mai 1929.

J. LACAN.

TRIBUNAL CIVIL DE LA SEINE
(2ᵉ CHAMBRE)

Audience du 9 Juin 1928

Plaidoirie de Mᵉ X...
(Avec annotations)

Messieurs,

Dans la cause pour laquelle il plaît au Tribunal me donner audience, je me présente pour M. Adolphe Lacan et pour Mᵐᵉ Le Maréchal et mes conclusions tendent à ce qu'il plaise au Tribunal, déclarer Mᵐᵉ veuve Lacan, non recevable, en tous cas, mal fondée en toutes ses demandes, fins et conclusions, l'en débouter, homologuer la liquidation dressée par le notaire, dire toutefois que le titre de 32.000 francs (2.400 fr.) (1) sera rétabli à l'actif de la succession ayant été l'objet d'une libéralité au profit de Mᵐᵉ veuve Lacan, la condamner en tous dépens.

Le 7 octobre 1925 est décédé, à Paris (2), M. Gustave-Adolphe

---

(1) Le titre de 2.400 francs date du 23 juin 1893, onze ans avant le second mariage de M. Gustave Lacan.

(2) Certificat qu'a trouvé utile de faire le docteur Boureau, médecin depuis 30 ans de la Maison des Sœurs, rue Bizet, collaborateur du professeur Gosset, qui a soigné aussi mon mari et qui pourrait attester que je n'ai rien épargné pour accomplir mon devoir envers le cher disparu.

« Je soussigné, docteur en Médecine, certifie que Madame Lacan
« est atteinte d'asthénie très marquée, avec dépression nerveuse et
« cardiaque datant de plusieurs mois, et dont la cause provient des
« soins constants... qu'elle a dû donner nuits et jours depuis plusieurs
« années à Monsieur Lacan, qui ne pouvait supporter auprès de lui
« aucune personne (infirmier ou infirmière) autre que Madame Lacan.
« Paris, le 11 novembre 1925.

« Docteur M. Boureau. »

Voici l'état dans lequel j'étais au moment de la mort de mon mari : Quelques mois auparavant j'avais perdu subitement ma mère, en Suisse, dans un hôtel, à 10 h. 1/2 du soir. Je me suis trouvée entre sa chère dépouille et mon mari aveugle ! Il m'a même été impossible, mon mari étant resté malade pendant plusieurs mois, d'accompagner

Lacan. M. Lacan était ancien secrétaire général de la Compagnie du Nord, il était fils de M. Lacan qui fut bâtonnier en 1872, 1873, et 1874.

M. Gustave Lacan, le *de cujus*, était veuf en premières noces de Mme Leveigneur, il était époux en deuxièmes noces de Mme Jeanne-Marie Thimonnier de Saint-Louis, notre adversaire au procès actuel.

De son premier mariage, M. Lacan avait eu deux enfants pour lesquels j'ai l'honneur de me présenter devant vous. D'une part, M. Adolphe Lacan, avocat à la Cour d'Appel qui, lui-même, a eu dix enfants, dont neuf sont encore vivants, et quatre petits-enfants de deux de ses enfants qui sont mariés ; il avait eu cinq fils et cinq filles, il a encore actuellement cinq fils et quatre filles.

Mme Amélie-Jeanne Lacan, épouse de M. Le Maréchal, industriel, a eu deux enfants et trois petits-enfants (1).

Après le décès de M. Lacan, inventaire a été dressé par Me Kastler, notaire de la veuve (2). Il fut alors constaté que la fortune laissée par M. Lacan père était extrêmement réduite. Un mobilier évalué, si je ne me trompe, 36.000 francs, quelques valeurs mobilières, en tout, si on fait l'addition, une centaine de mille francs.

Or, après le décès de Mme Lacan-Leveigneur, par liquidation de 1903, M. Lacan se trouvait propriétaire d'une fortune bien établie qui se montait au moins à 800.000 francs. Tout au moins,

---

le cercueil de ma vénérée mère dans notre tombeau de famille, au Père-Lachaise ; j'ai assisté à la mise en fourgon que l'on a scellé devant moi, j'étais seule en gare de Genève, l'inspecteur principal eut pitié de moi et vint m'assister.

(1) Dès le début de la plaidoirie, on peut juger de la mauvaise action, pour ne pas dire cruauté, envers le père aveugle qu'ils privent d'être entouré de ses nombreux petits-enfants.

Ce n'est pas une raison, parce qu'il y a de nombreux petits-enfants, de dépouiller la veuve de leur père, qui n'aura jamais personne pour l'aider à vivre. J'ai perdu mon fils d'une méningite.

(2) Mon notaire étant mort et son successeur ayant invoqué sa parenté avec ma belle-fille, j'ai eu, pour le remplacer, un notaire que je ne connaissais pas, Me Kastler. Mon beau-fils en a profité pour lui faire exécuter toutes ses volontés, tout en restant dans la coulisse. Il existe, avec ce notaire, une correspondance tout à fait édifiante ! Afin que j'emporte quelques vêtements, car on me mettait à la porte de chez moi, me prenant toutes mes clefs, ce notaire m'a infligé l'humiliation de faire visiter ma malle par Me Lacan. On m'a fait signer diverses pièces ; qu'y avait-il d'écrit ? Je l'ignore. Mon beau-fils, Me Lacan, lui, s'est refusé à signer quoi que ce soit.

Mon mari, dans son dernier testament (voir pages 26-27), avait nommé deux exécuteurs testamentaires. Le premier, en juillet 1925, eut une attaque de paralysie, avec perte momentanée de la parole. On juge de l'état où il était à la mort de mon mari, le 7 octobre 1925. Si Me Kastler avait eu plus de conscience, sachant les difficultés qui pouvaient se produire, il aurait pris le second exécuteur testamentaire, plus jeune, valide et au courant des affaires.

il recueillait 800.000 francs dans la succession de sa femme au moment de cette liquidation (1).

A la demande de la deuxième femme, devenue veuve par suite du décès de M. Lacan, à la date du 18 juin 1927, vous avez encore ordonné le partage de la succession de M. Gustave Lacan et commis pour y procéder, M⁰ Kastler, notaire de la veuve (2).

Le 21 novembre 1927, l'état liquidatif étant dressé, M⁰ Kastler, notaire commis, et M⁰ Boyo, son confrère, convoquaient les parties dans son étude. M⁰ᵉ Lacan dûment sommée de venir chez le notaire n'y venait pas, et là, on donnait aux parties lecture de l'état liquidatif (3).

Cet état liquidatif, — parce que nous allons tout de suite à la partie finale, à la partie intéressante, — cet état liquidatif se trouve constater que la balance active de la succession est de peu d'importance, elle s'élève exactement à 116.101 francs, les notaires y ajoutent une somme de 48.355 francs dont M⁰ᵉ veuve Lacan, épouse en deuxièmes noces, est débitrice ayant reçu bien au delà de la quotité disponible dont pouvait disposer à son profit, M. Gustave Lacan. De telle sorte que l'attribution des droits des parties n'a pas été chose bien difficile. On a attribué à M⁰ᵉ Le Maréchal qui bénéficiait, en sa qualité de fille, du testament de son père qui lui léguait la quotité disponible, on lui a attribué les deux tiers de l'actif net,

---

(1) Monsieur Lacan écrivait en 1913 : « Avant mon second mariage « avec M¹¹ᵉ Th. de Saint-Louis, j'ai rendu intégralement à mes « enfants tout ce qui leur revenait. La liquidation avait été faite « de suite, après le décès de leur mère, et j'avais fait même mettre « dans ma part toutes les valeurs douteuses qui, du reste, sont « devenues mauvaises. La communauté ayant donné à mes enfants « un bon bénéfice, il n'y avait donc plus entre nous de questions « d'intérêts qui devaient nous diviser, mais je n'avais pas pensé à la « cupidité d'Adolphe qui, pour en donner des preuves entr'autres, « dès le lendemain du décès de sa mère, m'a demandé le secret de « mon coffre-fort et qui, pendant la première grossesse de sa femme, « s'était porté sur elle à des actes de violence, à l'occasion de la « layette que ses beaux-parents ne fournissaient pas, suivant l'inter- « prétation qu'il donnait à son contrat de mariage ; ces actes de vio- « lence furent tels que Madame Vergniaud, informée par sa fille, vint « nous en avertir. J'ai, à ce sujet, des notes de la mère d'Adolphe. » (Note de 1913.)

(2) Il n'y a pas eu de plaidoirie le 18 juin 1927, pourquoi ? J'étais présente à l'audience ; mon avocat est venu, accompagné de ses secrétaires et de sa sténographe que j'avais dû payer d'avance.

(3) Le 27 décembre 1927, j'étais présente, assistée de mon avoué de première instance, à la lecture de l'état liquidatif. Je ne suis pas restée jusqu'à la fin pour la raison suivante : comme je me plaignais de la manière dont j'étais traitée après 25 ans de mariage, ayant eu mon mari malade et aveugle 15 ans, le notaire dit : « Il en a eu de la patience, M. Lacan ! ». Je lui répondis : « Vous êtes un inso- lent », et je suis partie.

c'est-à-dire 55.000 francs d'une part et 55.000 de l'autre et à mon confrère, la somme de 55.000 francs, soit au total, comme je vous le disais tout à l'heure, environ 150.000 francs (1).

La fortune laissée ainsi par M. Lacan est donc tout à fait minime comme vous pouvez le voir, et la situation est, si je puis m'exprimer ainsi, au point de vue pratique, peu brillante. Cette liquidation, quoiqu'elle ne fut nullement défavorable à Mme veuve Lacan, a été néanmoins contestée par elle. Et dans les conclusions qu'elle a signifiées, elle a soulevé toute une série de difficultés, elle expose neuf griefs (2). Si vous voulez bien me permettre de consacrer quelques minutes à chacun d'entre eux, j'épuiserai rapidement le temps que le Tribunal a bien voulu, tout à l'heure, me fixer pour plaider.

Première contestation. — Mme Lacan dit, il y a un mobilier qui a été prisé à l'inventaire, aux termes de mon contrat de mariage, article 7, j'ai le droit de reprendre ce mobilier, aussi c'est à moi que l'on devrait attribuer ce mobilier au lieu de le laisser dans la masse active. Voici, à cet égard, ce qui disent les conclusions :

« Les notaires proposent de faire figurer, à la masse active,
« la totalité du mobilier précédant l'inventaire pour son esti-
« mation s'élevant à 64.064 francs.

---

(1) Dans les testaments laissés par M. Gustave Lacan (voir page 24) il n'est nullement question qu'il lègue la quotité disponible à sa fille, Mme Le Maréchal, d'autant plus que celle-ci est dans une très belle situation de fortune, laquelle a été augmentée par les bénéfices réalisés de 1914 à 1919 par son mari, qui compte parmi les profiteurs de la guerre.

Me Lacan a, lui aussi, une belle fortune, en plus, je suppose qu'il gagne de l'argent comme avocat, puisqu'il va même en province chercher des causes à plaider. N'étant pas allé au front, il a, lui aussi, gagné beaucoup d'argent pendant que les confrères se battaient.

Son père lui écrivait, le 21 octobre 1915 : « Adolphe, tu as aujour-
« d'hui 43 ans, plus que l'âge de la réflexion. Vivant paisiblement
« avec ta femme et tes enfants, sans être absorbé par des obligations
« militaires, n'as-tu donc pas compris, dans cette atmosphère de
« sacrifices où tout le monde vit, ce que le sentiment du devoir te
« commande à mon égard ?

« Moi, ton père, qui, en pleine jeunesse, ai vécu 1870 et qui, âgé
« et aveugle, vit, dans cette terrible tourmente de 1915, abandonné,
« par ta faute, de presque toute la famille, je fais encore un pas
« vers toi pour t'apporter la clémence de mon pardon. » (Note de 1915.)

M. Lacan écrit aussi, en 1913, parlant de la démarche faite auprès de ses enfants par Me Moreau, son notaire : « J'avais le droit d'espé-
« rer que cette démarche de ma part aurait pour effet d'amener
« le résultat désiré par moi : le retour à l'union complète de la
« famille... »

(2) Mon avocat, Me André Berthon, a, en effet, dans les conclusions qu'il a déposées, sans me les communiquer, soulevé neuf griefs. *Dans sa plaidoirie*, il ne les a ni commentés ni réfutés. Son adversaire en a tiré grand avantage.

« Attendu qu'aux termes du contrat de mariage reçu, Huil-
« lier, notaire à Paris, le 12 avril 1904, il a été spécifié à l'ar-
« ticle 3 que la future épouse aurait la propriété des objets
« mobiliers et des titres ou valeurs par elle apportés en mariage
« et, en outre, des meubles meublants et objets mobiliers divers
« sur lesquels elle justifierait de son droit de propriété par tous
« documents dignes de foi » (1).

Mme Lacan a donc une double preuve à faire. D'une part,
qu'elle a apporté des meubles en mariage, d'autre part, que tel
meuble est sa propriété à condition qu'elle en justifie par un
document digne de foi. Mais, pour le surplus, il résulte de ce
contrat de mariage même, qu'il y a au profit du mari, une présomption de propriété tout à fait catégorique. Voici, en effet,
comment s'exprime le contrat de mariage :

« ... Que les effets d'habillement, bijoux, dentelles, fourrures
« et autres objets propres à l'usage personnel de l'un ou l'autre
« des époux, serait présumé appartenir à celui d'entre eux, à
« l'usage personnel duquel la nature de cet objet avait indiqué
« qu'il devait servir ; que la future épouse aurait, bien entendu,
« la propriété des objets mobiliers, des titres, valeurs par elle
« apportés en mariage et, en outre, des meubles meublants et
« objets mobiliers divers, sur lesquels elle justifierait de son
« droit de propriété, soit par quittance ou facture... et que tout

---

(1) *Article 3 du Contrat de mariage : présomption de propriété.*
— « Les effets d'habillement, bijoux, dentelles, fourrures et objets
« propres à l'usage personnel de l'un ou de l'autre époux seront pré-
« sumés appartenir à celui d'entre eux à l'usage personnel duquel la
« nature de ces effets et objets indiquera qu'ils doivent servir.
« La future épouse aura, bien entendu, la propriété des objets
« mobiliers et des titres et valeurs par elle apportés en mariage
« sous l'article qui précède et en outre des meubles meublants et
« objets mobiliers divers sur lesquels elle justifiera de son droit de
« propriété soit par inventaire ou état en bonne forme, soit encore
« par des factures ou quittances à son nom des ouvriers ou mar-
« chands, ou par tous autres documents dignes de foi, tout le surplus
« du mobilier meublant sera présumé appartenir au futur époux.
« Chacun des futurs époux sera propriétaire des créances et des
« valeurs de bourse ou autres souscrites ou inscrites à son nom,
« ainsi que des valeurs au porteur déposées à son nom dans tous
« établissements publics ou privés et chez tous les dépositaires quel-
« conques et de celles dont il justifierait la propriété en sa personne
« par bordereau d'agent de change ou banquiers ou par tous autres
« documents dignes de foi.
« Quant aux valeurs au porteur et aux deniers comptants pour
« lesquels il n'existerait aucune justification de propriété en faveur
« de l'un ou de l'autre des futurs époux, ils seront présumés de plein
« droit appartenir au futur époux. »
Sur mon contrat de mariage, il y a un « ETAT DESCRIPTIF DU
MOBILIER APPARTENANT A Mlle TH. DE SAINT-LOUIS ». Pour Me Kastler,
notaire, sans doute : **chiffons de papiers,** puisqu'il le fait figurer à
la masse active de la succession et l'attribue à mes beaux-enfants.

« le surplus du mobilier meublant serait présumé appartenir
« au futur époux » (1).

Donc la présomption qui ressort du contrat de mariage est
que le mobilier qui a été prisé 64.000 francs, au moment du
contrat de mariage, entre M. Lacan et sa seconde femme, appartient au mari, cela n'est pas douteux. Mme Lacan peut faire la
preuve qu'elle a apporté en mariage tel ou tel meuble, mais elle
doit la faire par documents dignes de foi, tel que facture... Et
si elle fait cette preuve, tel ou tel meuble sera distrait de la
masse et lui sera remis.

Une ordonnance de référés du 30 mars 1926 avait d'ailleurs

____

(1) Il ne figure, pour M. Gustave Lacan, aucun rapport de mobilier
ni de fortune dans notre contrat de mariage reçu le 12 avril, par
Me Huillier, en 1904.

En février 1903, après la mort de Mme Lacan-Leveigneur, 43, rue
de Provence, où habitait le premier ménage de M. Gustave Lacan,
le mobilier a été prisé par M. Tual, commissaire-priseur, à la somme
de 31.284 francs, comprenant argenterie, objets d'art, bijoux, garde-
robe du ménage.

La prisée du mobilier, 64.000 francs, dont parle l'Avocat de mes
adversaires, a été faite, 174, rue de la Pompe, par M. Devouges,
commissaire-priseur, après le décès de mon mari, M. Gustave Lacan,
en octobre 1925 ; il comprenait trois mobiliers :

1° **Le mobilier de M. Gustave Lacan** qui, avant de quitter l'appartement qu'il occupait, 43, rue de Provence, a donné du mobilier à
ses enfants et en a vendu, de même, 20, rue d'Aumale, et 174, rue
de la Pompe, ventes faites par commissaires-priseurs et quelques
marchands, ayant amené des particuliers.

Me Kastler, notaire, a eu entre les mains une lettre de M. Gustave
Lacan, où il indique qu'il a vendu et jamais racheté de mobilier.

2° **Le mobilier que Mme Gustave Lacan-Thimonnier de Saint-
Louis** apporte en mariage, en 1904, meubles provenant de son appartement, 2, rue Moncey, dont une partie a servi à meubler l'appartement
conjugal, 20, rue d'Aumale ; l'autre partie à garnir une petite villa
à Montmorency, louée par Mme Lacan-Thimonnier de Saint-Louis.

3° **Le mobilier de Mme Vve Thimonnier de Saint-Louis**, mère de
Mme G. Lacan, qui, quelques mois avant sa mort (1923), le fait apporter 174, rue de la Pompe, pour le donner à sa fille.

Me Kastler a entre les mains les quittances de la maison qui a
fait le transport de ses meubles ; il en existe aussi un inventaire très
sommaire fait à ce moment-là par un huissier.

Au décès de mon père (1884), étant fille unique, il n'y eut pas
d'inventaire, et ce n'est qu'en 1894 que Mme Vve Thimonnier de
Saint-Louis et sa fille se sont partagé le mobilier de famille.

Le 21 octobre 1925, mes beaux-enfants, hors ma présence, m'ayant
retiré toutes les clefs de mon appartement, ont fait l'inventaire du
mobilier le garnissant.

A la suite de cet inventaire, sans me consulter et sans qu'à ma
connaissance j'aie signé quoi que ce soit, il a été fait deux lots de
ce mobilier.

Celui qui m'a été attribué, évalué à...... Frs 28.860 »
Celui attribué à mon mari (décédé), évalué à Frs 35.500 »

Cet inventaire, sur papier timbré, a été enregistré au 13e bureau
des Notaires, le 30 juillet 1926.

prescrit à Mme Lacan de fournir des justifications, elle s'en est toujours abstenue et n'en a fourni aucune. Pour le moment, il n'y a aucune preuve que tel ou tel meuble soit sa propriété, donc les meubles sont la propriété de la succession. D'ailleurs, M. Lacan avait un mobilier bourgeois important lorsqu'il a convolé en secondes noces, c'est ce mobilier qui, aujourd'hui, fait partie de sa succession (1).

Et Mme Lacan, deuxième du nom, veuve en premières noces, prétend que le bail étant en son nom personnel, à elle femme séparée, elle serait propriétaire du mobilier. Le bail n'a rien à voir dans la circonstance, c'est le contrat de mariage qui établit la présomption au profit du mari et c'est le contrat de mariage qui fait la loi des époux, et nous attendons toujours Mme Lacan avec la justification qu'elle doit faire. Or, elle ne fait pas cette justification, donc le mobilier ne lui appartient pas.

En ce qui concerne une donation du mobilier qui lui aurait été faite et qui lui a été faite par le contrat de mariage, il n'y a pas lieu de s'y arrêter davantage, disent les notaires très justement, parce que la quotité disponible entre époux, alors qu'il y a des enfants d'un premier lit, se monte au quart, et cette quotité disponible, comme vous l'allez voir, est largement dépassée par les donations et les libéralités apparentes et reconnues, faites au profit de Mme Lacan, née T... de Saint-Louis. Donc, pour le mobilier, cette première constatation ne repose sur aucun fondement et nous vous demandons de l'écarter purement et simplement (2).

---

(1) Me Lacan, le 27 mars 1926, envoie Me Kastler, le notaire chargé de mes intérêts, au référé, pour demander la vente immédiate de tout le mobilier, référé dont mon avocat, Me Radot, au lieu de me le faire accepter le jour même par écrit, aurait dû me faire interjeter appel. Le président a ordonné le tri du mobilier, ce qui n'a pas été fait, car mes adversaires s'en sont complètement désintéressés. Si l'on m'avait demandé des preuves de ce qui m'appartenait, **j'aurais apporté les suivantes :**
1° Certificat de deux habitations du vivant de mon père, de 1867 à 1886, prouvant l'importance de nos appartements successifs ;
2° Mes engagements de location et police incendie jusqu'en 1904. Le 27 mai 1904, au moment du transport de mon mobilier du 2, rue de Moncey, au domicile conjugal, 20, rue d'Aumale, **mon mari a signé la police d'assurance N° 238.999 contractée par moi le 2 juillet 1896, à la « Nationale » ;**
3° Engagement de location de ma villa à Montmorency, etc... ;
4° Inventaire de la maison Bedel, qui, en 1910, a pris mon mobilier 20, rue d'Aumale (mon mari perdait à ce moment la vue et nous étions à fin de bail). La maison Bedel a gardé mon mobilier jusqu'en octobre 1916, époque où elle l'a rapporté 174, rue de la Pompe ;
Engagements de location et police assurance au nom de ma mère, Mme Vve Thimonnier de Saint-Louis. Quittance de la maison de déménagement qui a apporté ces meubles 174, rue de la Pompe. Avec petit inventaire par huissier.
(2) *Article 7 du contrat de Mariage.* — Donation par le futur Epoux a la future Epouse. — « Le futur époux fait par ces présen-

Deuxième contestation. — Mᵐᵉ Lacan dit : j'ai droit à une année de logement gratuit qui résulte pour moi de l'article 7 du contrat de mariage. Par ce contrat, en effet, M. Lacan avait donné à sa femme tout ce qu'il pouvait lui donner ostensiblement, ou d'une façon simulée et il lui avait fait don gracieusement, d'une année de logement gratuit. Cela se traduit, dit Mᵐᵉ Lacan, dans ses conclusions, par une somme de 10.139 francs 45 centimes. Que ce soit en nature, logement gratuit, ou que ce soit en espèce, c'est une libéralité, répondent les notaires, et du moment que c'est une libéralité, les héritiers Lacan, M. Adolphe Lacan et Mᵐᵉ Le Maréchal étant héritiers réservataires, cette libéralité doit subir la loi de la réduction si, par des libéralités antérieures, le *de cujus* a déjà excédé la quotité disponible (1).

Or, c'est ce qui se produit, car j'aurais dû vous dire tout à l'heure, ou plutôt je vous l'ai dit, mais cela a peut-être échappé au Tribunal, qu'en fin de compte de la liquidation, les notaires constituent Mᵐᵉ Lacan débitrice d'une somme de 48.000 francs qu'elle doit rapporter réellement et qu'elle a reçue en trop, en plus de la quotité disponible. Par conséquent, les 10.132 francs qu'elle réclame pour l'année de logement constituent une libéralité qui viendrait s'ajouter aux libéralités antérieures qui ne peut produire son effet puisque la quotité disponible est déjà

« tes donation à la future épouse pour le cas où elle lui survivrait,
« ce qui est accepté par la future épouse, pour ledit cas de survie :
« 1° De la pleine propriété de tous les meubles meublants, argen-
« terie, objets d'art et tous objets mobiliers, matériels et corporels
« qui dépendront de sa succession au jour de son décès, sans aucune
« exception ni réserve ;
« 2° Du droit de jouir gratuitement, sans payer ni loyer ni contri-
« butions ou charges accessoires pendant la durée d'une année à
« compter du premier jour du terme qui suivra celui au cours
« duquel aura eu lieu le décès du futur époux, de l'appartement ou
« de la maison servant alors à l'habitation des futurs époux, et ce,
« soit que la location soit faite au nom des deux époux, soit qu'elle
« soit faite au nom de l'un ou de l'autre d'entre eux, soit également
« dans le cas où l'immeuble servant à cette habitation serait la
« propriété du futur époux.
« Dans le cas où, par suite de fin de bail, la future épouse
« survivante serait obligée de quitter ladite habitation avant l'expi-
« ration de l'année ci-dessus prévue, elle aurait droit à une indem-
« nité, à la charge de la succession du futur époux, égale au chiffre
« des loyers, impôts et charges de la location, calculé d'après le
« temps restant à courir pour parfaire ladite année. »
(1) L'emploi de la fortune de mon mari se retrouve facilement et on constate qu'il ne m'a fait aucune libéralité. J'ai dû même payer, de mes deniers personnels, le terme échu le 1ᵉʳ octobre 1925 (mon mari est mort le 7 octobre 1925). Depuis cette époque, c'est-à-dire trois ans et demi, c'est toujours moi qui ai payé, alors qu'étant séquestre du mobilier je n'aurais dû payer que la moitié du loyer, contributions, entretien du mobilier, etc...

épuisée. Voilà deux contestations qui sont aussi épuisées, si j'ose m'exprimer ainsi. J'arrive maintenant à la troisième.

Pour la troisième, Mme Lacan demande deux choses. Tout d'abord, elle réclame qu'on lui rembourse 13.240 francs de note de séjour qu'elle a fait à l'hôtel Lutetia, après le décès de son mari (1).

Après le décès de son mari, par une fantaisie tout à fait légitime, elle a quitté l'appartement où se trouvait le mobilier et où son mari était mort, ou bien, s'il n'y était pas mort, l'appartement conjugal, elle a quitté l'appartement et s'en est allée à l'hôtel Lutetia. C'était son droit, mais c'était aussi son droit de payer les factures de l'hôtel Lutetia, parce que c'est librement qu'elle s'est retirée à l'hôtel.

Elle dit : on m'a mise à la porte de l'appartement. Les héritiers répondent : nous n'avons mis personne à la porte, la seule chose que l'on ait faite, dans l'intérêt de Mme Lacan et sur sa demande, les notaires, pour éviter toute apposition de scellés, ont enfermé dans une pièce ou deux les objets de valeur et c'est Mme Lacan elle-même qui, après avoir fermé les portes, a remis à Me Kastler la clé de ces deux pièces. Cependant, le surplus de l'appartement restait parfaitement disponible et rien n'empêchait Mme Lacan d'y rester. Elle a préféré aller s'installer à l'hôtel Lutetia, c'est son affaire, mais c'était à elle de supporter les conséquences, et de payer les notes qui ont été produites par mon confrère au débat.

Mme Lacan dit, les notaires ont fixé mon deuil à la somme de 1.000 francs, c'est insuffisant, ma condition sociale exigeait qu'on fixât mon deuil à un prix plus élevé. Les notaires ont répondu, ou plutôt le notaire liquidateur, car en matière de liquidation judiciaire il n'y a qu'un notaire commis par le Tribunal, et le notaire liquidateur, Me Kastler, a répondu : « Mais la succession est à peu près nulle, la succession ne représente pas 100 ou 150.000 francs en valeur réelle, le suplus n'est qu'une créance contre la veuve qui sera recouvrée Dieu sait quand ! Aussi on

______

(1) On m'a retiré, le 20 octobre 1925, toutes mes clefs de mon appartement, etc... Le lendemain, toute la matinée, sans que je sois là ni personne pour me représenter, on a fait l'inventaire et emporté tout ce que l'on a voulu. Le soir on m'a rendu les clefs de mon appartement, me laissant ma chambre, cuisine, salle de bains. Le notaire a fermé les autres pièces et gardé les clefs jusqu'au 1er avril 1926. Il existe avec lui une correspondance à ce sujet, entre autres une lettre dans laquelle je relate la conduite de son clerc.
Ma salle à manger a deux entrées : une sur l'antichambre, l'autre sur le couloir ; comme je voulais qu'on me laissât ma salle à manger, j'avais pris l'une des deux clefs ; manquant absolument de tact envers une femme veuve et malade et « **il ne faut pas l'oublier, chez elle** », le clerc de Me Kastler me l'a reprise en me menaçant du commissaire de police, et ce, en présence de témoin.

ne peut attribuer à la veuve un deuil blanc alors que la succession est médiocre » (1).

Il y a, à cet égard, des habitudes notariales que le Tribunal connaît. Lorsqu'une fortune est importante, on fixe à la veuve un deuil important ; lorsque la fortune est moyenne, on lui fixe un deuil moyen ; lorsqu'elle est minime, on fixe un deuil minime. Les notaires ont fixé le deuil à 1.000 francs, et ce chiffre est conforme aux habitudes et aux usages.

Quatrième contestation. — Mme Lacan réclame 300 francs qu'elle a payés, paraît-il, à M. Charles Lacan. Qui est donc M. Charles Lacan ? C'est un autre fils du bâtonnier Lacan qui n'a rien à voir dans cette affaire, qui est par profession, le Tribunal le verra par certaines pièces du dossier, paraît-il, acteur et auquel Mme Lacan a payé, elle le dit, une somme de 300 francs à titre de pension alimentaire et, en plus, une autre somme de 50 francs. A quel titre la succession doit-elle rembourser cela à Mme Lacan? Je l'ignore. Quoi qu'il en soit, ce ne sont pas ces 350 francs qui pourraient faire l'ombre d'une difficulté dans le procès actuel (2).

Cinquième contestation. — Mme Lacan réclame 4.855 fr. 80 pour frais de dernière maladie, c'est le montant de factures qui ont été payées à la maison des Frères Saint-Jean-de-Dieu, où est mort, si je ne me trompe, M. Lacan, et où il a été soigné à la fin de sa vie. Les trois factures sont au dossier de mon adversaire, elles représentent le total que j'ai indiqué.

A cette demande, le notaire a répondu très sagement : « Les factures sont antérieures au décès. M. Lacan est mort le 7 octobre 1925 ; le 22 décembre, exactement, on a payé 1.689 fr. 05 ; le 9 octobre 1925, le lendemain du décès, on a payé 1.098 francs ; le 19 octobre, on a payé 1.082 francs, ceci a été payé des deniers même de M. Lacan, on a retrouvé à l'inventaire aucun denier comptant, et tout a été payé des deniers de M. Lacan ; c'est donc M. Lacan, de son vivant, qui a payé ces sommes et on ne peut réclamer une deuxième fois à sa succession, aussi bien, Mme Lacan ne les a-t-elle pas réclamées à l'inventaire. Mais ces sommes ont été déjà payées par les deniers de M. Lacan, aussi ne doit-on

---

(1) Dans les familles les plus pauvres on ne marchande pas le deuil que l'on porte d'un père et d'un mari ; chez les Lacan et Le Maréchal, le deuil du père est proportionné à la fortune qu'il a laissée ! Les enfants n'ont mis aucune fleur sur le cercueil de leur père, ni jamais déposé aucun bouquet sur sa tombe, même le jour des Morts.

(2) L'oncle de mes beaux-enfants, M. Charles Lacan, est un pauvre diable des plus intéressants, j'ai même indiqué que la volonté de mon mari était que la rente que lui a laissée, par testament, sa mère, la veuve du bâtonnier Lacan, lui soit payée intégralement.

pas les mettre à la charge de sa succession une seconde
fois » (1).

Sixième contestation. — Mme Lacan, aux termes d'une lettre
qui lui a été écrite par son mari, a droit aux papiers qui sont
la propriété personnelle de M. Lacan ; elle dit : j'en suis légataire.
Je ne crois pas qu'il y ait de testament, à proprement parler ;
quoi qu'il en soit, il y a une volonté manifestée par M. Lacan.
Pour les papiers ayant appartenu à M. Gustave Lacan nominale-
ment et ayant pu dépendre de lui et de sa vie avec sa seconde
femme, il n'y a pas de difficulté, mais il y a, à côté de cela,
des papiers de famille proprement dits qui proviennent, non
pas de M. Gustave Lacan, mais des auteurs de M. Gustave Lacan,
notamment du bâtonnier Lacan, ce sont des papiers de famille
qui doivent rester dans la famille. Il y a donc lieu de faire une
discrimination entre les papiers.

Je vous demande de charger les notaires de faire ce tri des
papiers personnels à M. Lacan qui seront remis à Mme Lacan
et des papiers de famille, de tous ceux qui peuvent provenir du
bâtonnier Lacan, par exemple, et qui appartiennent non à
Mme Lacan, mais aux enfants et aux petits-enfants du bâtonnier.
Mme Lacan ne pourrait en disposer à leur détriment, le travail
est déjà, paraît-il, à peu près effectué, il pourrait être achevé
assez rapidement (2).

------

(1) A l'inventaire figure de l'argent liquide trouvé à la banque
Rothschild et au Crédit Industriel et Commercial, etc..., environ
20.000 francs. Contrairement à l'assertion de l'avocat, ce n'est pas
uniquement des deniers de M. Lacan qu'ont été payées les notes des
Frères Saint-Jean de Dieu, mais de l'argent prélevé sur les revenus
du ménage.
(2) *Notes autographes de M. Gustave Lacan.*

Paris, 19 août 1905.

Avant de partir en vacances, je confirme tout ce que j'ai écrit
dans mon testament et mon codicille :
Tous mes papiers (lettres, papiers de famille, livres de compte,
etc...), tout doit être remis ou plutôt laissé à ma femme. « **Laissé** » ce
qui est chez nous. « **Remis** » ce qui est dans mon cabinet, au Nord.

Signé : G. LACAN.

« ... toujours mêmes dispositions encore plus formelles, après la
« conduite infâme de mes enfants. »

25 septembre 1906.

Signé : G. LACAN.

« Même volonté, encore plus formelle ; bien grande tristesse cau-
« sée par l'infâme (le mot n'est pas trop fort) conduite de mes
« enfants. »

1er septembre 1909.

Signé : G. LACAN.

Ces papiers sont encore chez Me Kastler qui, le 20 octobre 1925,
sur les ordres de Me Lacan, a fait enlever tous les papiers et valeurs

Septième contestation. — Il reste alors trois contestations. La première est relative à un titre de 2.400 francs sur lequel je dois insister un instant. Ce titre de 2.400 francs a toute une histoire.

Ce titre faisait partie de la succession de Mᵐᵉ Lacan-Leveigneur, la première femme, et il a été attribué à M. Gustave Lacan aux termes du partage de ladite succession et il portait le numéro 346.064.28. Il fut alors immatriculé au nom de M. Lacan Marie-Gustave-Adolphe, c'était donc un titre qui appartenait personnellement à M. Gustave Lacan et qui lui venait de sa première femme.

On voit non sans surprise, Mᵐᵉ T... de Saint-Louis, la future épouse, apporter comme étant usufruitière, un titre de 300 francs sur l'Etat français, puis un autre titre de 2.400 francs, lequel attribuait à M. Lacan toute propriété dans la succession de sa première épouse.

Voilà M. Lacan propriétaire, après la mort de sa première femme, de ce titre de 2.400 francs ? Comment se fait-il que, quelque temps après, sa seconde femme, Mˡˡᵉ T... de Saint-Louis, se trouve propriétaire de l'usufruit de ce titre, la nue-propriété appartenant encore à M. Lacan. C'est évidemment par une libéralité faite par M. Lacan, avant son mariage. Mais il y a là quelque chose d'assez surprenant. Puis, les notaires ont recherché ce qu'était devenu ce titre et ils ont reçu du Directeur de la Dette Inscrite des renseignements qui sont ainsi conçus :

« L'inscription de 2.400 francs, numéro 345.395, au nom de
« T... de Saint-Louis, provenait..

« . . . .

« . . . .

« ... aliéné le 12 mars 1909, par l'entremise de M. Bacot, agent
« de change, à Paris ».

Voilà donc le titre vendu en 1909 par M. P... Mᵐᵉ Lacan vient alors soutenir devant le Tribunal, et avait soutenu auparavant devant les notaires, que c'est le produit de ce titre, qui a été de 76.000 francs, qui aurait servi aux époux Lacan à se constituer une rente viagère auprès de la Compagnie d'assurances « Le Phénix », sous le numéro 257.323, laquelle rente sera énoncée sous la quatrième observation, compte quinzième.

Mᵐᵉ Lacan dit : « Je suis obligée de rapporter les prix qui ont été payés ou les sommes qui ont été payées aux Compagnies d'assurances pour me constituer, à mon mari et à moi, des rentes viagères ».

Il faut dire au Tribunal que l'inventaire, après le décès de

---

pêle-mêle. A l'heure actuelle je n'ai pu encore en obtenir ni l'analyse ni la restitution, bien qu'il s'y trouve des notes rédigées par mon mari dans le but de servir à ma défense lorsqu'il viendrait à manquer. Au moment de la plaidoirie, mon avocat aurait dû se les faire remettre !

Page 18. — *Septième contestation.*

En relisant l'épreuve de cette brochure, **j'ai relevé, page 18,
7ᵉ contestation,** *que l'avocat* (sur les données fausses et méchan-
tes de Mᵉ Lacan), au sujet du titre de rente de 2.400 francs, le
désigne comme ayant appartenu à Mᵐᵉ Lacan-Leveigneur.

Il résulte des renseignements fournis par le notaire dans
l'étude duquel a été dressée, en 1903, la liquidation Lacan-
Leveigneur, **que ce titre de 2.400 francs n'a jamais fait partie
ni des apports de M. G. Lacan, ni des apports de Mᵐᵉ Lacan-
Leveigneur.**

Il est de plus à remarquer que les divers numéros donnés
pour ce titre de 2.400 francs sont **tous faux !!**

Les personnes qui connaissent en détail l'histoire de ce titre
comprendront l'utilité et l'importance de ce renseignement pour
la mémoire de mon mari.

M. Gustave Lacan, s'il n'a révélé qu'un actif minime comme étant celui de la succession, a révélé qu'il avait été constitué pour 85.000 francs de rentes viagères au profit de M. Gustave Lacan et avec réversibilité au profit de sa seconde femme. De telle sorte que, en réalité, Mme Gustave Lacan a été avantagée par suite de la constitution de ces rentes viagères, jurisprudence constante, elle doit rapporter une part des sommes qui ont été payées, la moitié des sommes qui ont été payées pour constituer ces rentes viagères ; les notaires lui ont, en effet, rapporté cette somme.

Aujourd'hui, Mme Lacan vient dire : mais nous avons vendu le titre de 2.400 francs pour payer l'une des assurances, celle qui a été constituée au Phénix, à quoi les notaires restent sceptiques et disent : mais cette rente ne vous a jamais appartenu puisqu'elle provenait de la succession de Mme Lacan, elle appartenait à votre mari, l'usufruit qui a été marqué à votre nom au moment du contrat de mariage a été une sorte de libéralité apparente faite à votre profit par le mari, tout cela appartenait à M. Lacan et puis, vous ne pouvez pas soutenir que les fonds provenant de l'aliénation de ce titre de rente aient servi à constituer la rente viagère au Phénix, attendu que la rente a été constituée le 10 mars 1909, c'est-à-dire, antérieurement à la vente, et l'emploi du produit de la réalisation n'a pu servir à payer la rente car il résulte, je lis la liquidation :

« ... que la rente viagère a été constituée moyennant la « somme de 83.608 fr. 90 que la Compagnie reconnait avoir « reçue comptant de M. et Mme Lacan. »

Du moment que la Compagnie avait reçu le jour de la constitution le montant total du prix de la constitution de rente, vous n'avez touché les fonds, produit de la rente, que neuf jours plus tard. Vous n'avez pas pu employer les fonds qui ont pu provenir de l'aliénation des 2.400 francs pour la constitution de la rente viagère. Cela c'est l'évidence même, néanmoins, les notaires ont prudemment soumis cette situation au Tribunal et le Tribunal est appelé à statuer sur le point de savoir si ces 2.400 francs sont l'objet d'une libéralité pure et simple de la part de M. Lacan au profit de sa femme car ils ne se retrouvent pas, et leur contre-partie se retrouve dans la succession, ou si, au contraire, on doit considérer qu'il n'y a pas là de libéralité.

Les époux Lacan avaient prévu la difficulté. Cela s'est passé en 1909, ils se sont dit, on contestera certainement que la vente du titre ait eu lieu pour constituer une rente viagère, ils ont alors rédigé un petit papier que mon confrère m'a communiqué et que voilà, petit papier aux termes duquel, six ans après que les faits s'étaient passés, M. Gustave Lacan et Mme T... de Saint-Louis, épouse en secondes noces, se donnent à eux-mêmes un certificat qui va immédiatement édifier le Tribunal.

« Pour éviter toute recherche et toute incertitude lors de
« l'ouverture de la succession, du premier mourant...
« ... nous avons fait et signé la présente déclaration que nous
« affirmons parfaite, sincère et exacte, ce jourd'hui, 2 mai 1915,

« *Signé*, LACAN. »

Ce n'est pas une preuve, cela ne démontre rien du tout. On
a constitué des rentes viagères pour un chiffre considérable dont
profite aujourd'hui Mme Lacan, mais en réalité, ces deux mille
francs apparaissent avec leur véritable caractère, c'est une libéralité, c'est une donation (1).

---

(1) *Titre de rente de 2.400 francs.* — 1° L'historique du titre
de 2.400 francs de rente fait par l'avocat de mes beaux-enfants est
tout à fait de la haute fantaisie. Si mon défenseur, comme c'était
son devoir, s'était trouvé à l'audience, il aurait sans peine éclairé
la religion des magistrats en plaçant simplement sous leurs yeux
les documents suivants reproduits ci-après *in extenso* :
    1° Lettre du 6 juin 1928 de Monsieur le Directeur de la Dette
inscrite à Mme Lacan, née Thimonnier de Saint-Louis, 174, rue de la
Pompe, Paris (XVIe).

Madame,
    En réponse à votre lettre du 30 mai 1928, j'ai l'honneur de vous
informer que l'inscription de 2.400 francs 3 % N° 346.381, série 8e,
au nom de « Thimonnier de Saint-Louis » provenait d'une reconver-
sion de titres au porteur en date du 23 juin 1893.
    Cette inscription de 2.400 francs N° 346.381 a fait, le 18 août 1904,
l'objet d'une mutation (N° 23.685) à la suite de laquelle il a été
inscrit une rente de pareille somme N° 545.498, section 8e, imma-
triculée dans les termes suivants :
    Thimonnier de Saint-Louis (Jeanne-Marie), femme de Marie-Gus-
tave-Adolphe Lacan, mariée sous le régime de la séparation de biens,
suivant contrat reçu par Me Huillier, notaire à Paris, le 12 avril
1904, pour l'usufruit, la nue-propriété à Marie-Gustave-Adolphe Lacan.
    Cette dernière inscription de 2.400 francs N° 545.498 a été aliénée,
le 12 mars 1909, par l'entremise de M. Bacot, agent de change à
Paris (transfert N° 17.893).
    Agréez, Madame, l'assurance de mon respect.

Signature illisible.

    Les soussignés : M. Marie-Gustave-Adolphe Lacan et Mme Jeanne-
Marie Thimonnier de Saint-Louis, son épouse, de lui en tant que de
besoin autorisée, expliquent ce qui suit : pour éviter toute recherche et toute inexactitude lors de l'ouverture de la succession du
premier mourant d'eux, au sujet de la constitution, à la Compagnie
« Le Phénix », le 10 mars 1909, sous le N° 257.323, d'une rente
annuelle et viagère de cinq mille francs, à leur profit et sur leurs
deux têtes, et au profit du survivant d'eux, moyennant la somme de
83.608 fr. 70 centimes payée comptant par M. et Mme Gustave Lacan,
ainsi que la dite Compagnie l'a reconnu, dans la police même de
la dite rente.
    Aux termes du contrat de mariage des soussignés, reçu par Me Huil-
lier, notaire à Paris, le 12 avril 1904, contenant adoption du régime
de la séparation de biens, Mme Gustave Lacan, la future épouse,
a apporté en mariage, entre autres choses, 2.400 francs de rente 3 %
sur l'Etat français, compris en un certificat N° 346.981 de la série 8e,

Huitième contestation. — Il s'agit des frais funéraires.
Mme Lacan, en ce qui concerne cette contestation spéciale, dit
ceci dans ses conclusions :

« ... Attendu que les obsèques de M. Lacan qui furent
« modestes en raison de sa situation, et réglées conformément
« au désir qu'il avait exprimé, doivent être mises définitivement
« au passif de la succession sans que les héritiers puissent être
« admis à contester l'utilité des dépenses faites de ce chef ;

« Attendu que les notaires veulent reporter à la masse active
un prétendu avantage... »

En ce qui concerne ces frais, ils ont été tout à fait excessifs
si l'on considère l'importance de la succession de M. Lacan, mais
j'ai reçu interdiction de contester quoi que ce soit à cet égard,
M. Adolphe Lacan et Mme Le Maréchal ne se sont pas opposés
à la demande qui a été faite en référé d'un prélèvement sur la
succession et sur la valeur successorale pour payer la totalité
des frais d'obsèques pour lesquels ils n'avaient été nullement
consultés, et pour lesquels, même, on ne les à même pas con-
voqués (1).

---

au nom de Mlle Thimonnier de Saint-Louis (Jeanne-Marie), fille
majeure pour l'usufruit, la nue-propriété à Marie-Gustave-Adolphe
Lacan.

Cette rente a été vendue, le 8 mars 1909, sur la signature des
deux soussignés, par M. Bacot, agent de change près la Bourse de
Paris, et a produit une somme nette de courtage et impôt de
78.500 fr. 41, ainsi qu'il résulte du bordereau ci-joint délivré par le
dit agent de change.

La somme de 83.608 fr. 70, versée à la Compagnie « Le Phénix »,
ainsi qu'il a été dit plus haut, pour prix de la dite rente viagère
N° 257.323, a été fournie jusqu'à concurrence de...... 78.500 41
par le produit de la vente sus-énoncée des 2.400 francs
de rente 3 % sur l'Etat français et pour le surplus, soit. 5.108 29
par prélèvement sur les économies du ménage.

Total égal............ 83.608 70

En foi de quoi, nous avons fait et signé la présente déclaration
que nous affirmons parfaitement sincère et exacte ce aujourd'hui,
Paris, 2 mai 1915.

Signé : Gustave Lacan et J. Lacan.

La minute de cette note a été complètement faite de la main de
Me Huillier, notaire, 83, boulevard Hausmann.

(1) Mon mari n'avait donné aucune indication pour ses funérailles. Me Lacan a été consulté, il a même refusé de signer quoi que
ce soit au représentant de la maison de Borniol. En présence du
refus, celui-ci est venu me trouver à l'Hôtel Lutétia pour que je signe,
afin de pouvoir enterrer mon infortuné mari. Me Lacan a été prévenu,
dès le décès de mon mari, par le Bâtonnier, que son père avait été
enlevé en 48 heures par un mal foudroyant. Le deuil a été conduit
par Me Lacan et M. Le Maréchal, son gendre.

Il a fallu un référé pour acquitter, au bout de dix-huit mois,
ces dettes sacrées et privilégiées, les funérailles de M. Gustave Lacan

Neuvième contestation. — Mme Lacan proteste contre l'avantage de 48.355 fr. 78 résultant pour elle de la souscription par son mari à son profit de rentes viagères sur sa tête et celle de son mari.

Elle prétend que cette rente viagère a pu être constituée à son profit sans qu'elle doive aucun rapport.

A cet égard, la jurisprudence est constante. Le Tribunal l'applique fréquemment. Il y a donation, il y a libéralité, les notaires ont appliqué les principes du Code sur la réduction des biens donnés à l'époux, lorsqu'ils excèdent la quotité disponible. Ils se sont renseignés auprès des compagnies d'assurances pour obtenir les renseignements précis. Ils ont mis à la charge de Mme Lacan un rapport ou une réduction de libéralité qui s'élève à la somme de 48.355 fr. 78.

C'est donc à juste titre que les notaires ont décidé de faire rapporter effectivement le montant de cette libéralité par Mme Lacan, et sur ce point comme sur les autres les notaires ont purement et simplement appliqué la loi.

Il y a donc lieu d'homologuer purement et simplement leur travail, excepté sur le chef du titre de rente de 2.400 francs que vous considérerez comme une libéralité.

Je termine comme j'ai commencé en vous disant que la comparaison de la liquidation dressée après le décès de Mme Lacan-Leveigneur, la première femme, avec la liquidation dressée après le décès de M. Gustave Lacan, vous indique la différence des deux patrimoines : 800.000 francs en 1903 et au moment du décès, en 1925, 100.000 francs à peine. Dans l'intervalle, constitution de rentes viagères de 85.000 francs au profit du mari et au profit de la femme survivante (1).

Dans ces conditions, Mme Lacan est mal venue à réclamer quoi que ce soit aux enfants de son mari et je vous demande d'homologuer la liquidation, me réservant de répliquer à mon adversaire, s'il en était besoin (2).

------

ainsi que les derniers honoraires du médecin, qui avait soigné mon mari avec le plus complet dévouement pendant de longues années.

Me Lacan prétendait que la veuve ayant signé devait payer la maison de Borniol !

(1) *Rentes viagères.* — Pour constituer les rentes viagères de 3.700 francs et de 4.800 francs, j'ai versé le capital nécessaire, vendant des valeurs m'appartenant et dont les bordereaux d'agent de change existent. Si j'étais décédée la première, mon mari en aurait eu tout l'avantage. Si j'avais en ce moment les sommes que j'ai versées elles rapporteraient beaucoup plus. Il n'y a donc eu aucune libéralité à mon égard, mais affaire mutuelle.

(2) Il est regrettable que l'avocat de mon adversaire n'ait plaidé que sur les données du confrère Lacan. S'il avait pris lui-même connaissance des pièces et de l'inventaire, il aurait reconstitué la fortune de 800.000 francs que mon mari avait en 1903 et, par conséquent, constaté que **M. Gustave Lacan** avait employé sa fortune à

CONCLUSION DES PLAIDOIRIES

L'avocat qui me représentait a la parole facile dans sa spécialité : avocat d'assises, cet avocat a laissé à son adversaire tous les avantages. Je ne reproduis que la fin de sa pâle plaidoirie (voir page 40) qui témoigne que si il a ouvert mon dossier, il ne l'a nullement étudié. Il n'a même pas assisté aux plaidoyers de son adversaire, à peine eut-il terminé le sien qu'il quitta la salle d'audience sans écouter la réplique de celui-ci.

L'avocat de mes beaux-enfants, homme d'âge, rompu aux plaidoiries d'affaires civiles, a dit tout ce qu'il a voulu, étant toujours seul à la barre du Tribunal. Il parle douze fois du titre de la rente de 2.400 francs : huit fois dans sa plaidoirie, quarte fois dans sa brève réplique, sans établir ni l'origine ni la filiation de ce titre sur lequel, comme on l'a vu, mon avocat pouvait si facilement éclairer les magistrats avec la lettre du Directeur de la Dette inscrite, etc...

Puis, sous l'inspiration du confrère, l'adversaire fait l'éloge de Mᵉ Lacan, rejetant tous les torts sur le père martyr qui n'est plus là pour se défendre :

« Cet homme a eu dix enfants » (ce n'est pas une raison pour dépouiller la veuve de son père), « il leur a donné à tous la meilleure « éducation » (et le commandement de Dieu : « Tes père et mère « honoreras » qu'en fait-il ?). « Il a toujours été guidé par les senti- « ments les plus respectables, les plus élevés en toutes circonstances, « et dans ses relations avec son père, s'il n'a pas vu plus souvent « son père, c'est que son père n'a pas voulu le voir. »

Il est impossible au fils de mentir plus lâchement et plus effron- tément sur un père qui est mort et qu'il a martyrisé vingt-cinq ans, même après qu'il fût devenu aveugle. Et les lettres que son père lui a adressées pour un rapprochement de famille... Les lettres aussi, à ce sujet, du Bâtonnier en fonction, en 1917 ; de M. Étienne Lamy, de Mᵉ Huillier, etc., etc. (voir page 46), **chiffons de papier** », pour l'avocat Lacan. Enfin son avocat termine ainsi : « Je demande au « Tribunal de laisser de côté cette partie du dossier, de juger **les** « **petites contestations** soulevées sur la liquidation et de faire droit « aux conclusions que j'ai eu l'honneur de prendre devant vous. » Mᵉ Desforges est sans doute très fortuné, gagne beaucoup d'argent, ignore par conséquent les difficultés de la vie, appelle « **petites contestations** » le fait de dépouiller une veuve, mariée 25 ans, dont

son usage personnel et non à faire des libéralités à sa seconde épouse. **Mon avocat,** Mᵉ André Berthon, aurait dû mettre le détail de la fortune de mon mari sous les yeux du Tribunal. **Rien que sur la Compagnie des assurances générales** il manque l'emploi de 45.000 francs de la fortune de M. Gustave Lacan (Mᵉ Kastler a les titres de rente de M. Gustave Lacan). La revision du travail du notaire s'im- pose donc et fera sans doute ressortir encore de graves erreurs, contraires aux intérête de Mᵐᵉ Vve Lacan.

Pour mémoire, il y a lieu de rappeler les actions du Puits de Padirac, portées à la liquidation comme étant des titres sans valeur, et qui cette année ont encore rapporté 40 % nets d'impôts (voir page 40).

le mari a été aveugle et malade 15 années, pour lequel il a été dépensé, pour le soigner et tâcher de lui rendre la vue, tous les revenus du ménage, et bien au delà.

Il demande au Tribunal de la dépouiller de son mobilier de famille, l'envoyant ainsi **finir son existence dans des misérables garnis,** réclame injustement le capital du titre de rente de 2.400 francs, la prive de tous les avantages de son contrat de mariage et des testaments de son mari.

Défendue par mon avocat, qui avait entre les mains toutes les preuves utiles, jamais le tribunal n'aurait adhéré « **aux petites contestations** » de l'adversaire. Mon avocat aurait dû mettre aussi sous les yeux des magistrats le sacrifice que j'ai fait à mon mari en 1925. Il voulait assurer la tranquillité du reste de ma vie en se séparant de ses meubles et de l'appartement. Il y a des sacrifices que l'on n'a pas le droit d'accepter d'un aveugle.

COPIE DES TESTAMENTS

Ceci est mon testament.

Après les difficultés que m'ont créées mes enfants, les chagrins qu'ils m'ont causés à l'occasion de mon mariage, oubliant tout ce que j'avais supporté pour eux pendant la durée de mon premier mariage, d'une femme malade, difficile de caractère, envieuse, dominatrice et d'une éducation laissant à désirer ; après tous les froissements d'amour-propre que j'ai subis, moi qui ai toujours eu la conduite la plus honorable, qui ai eu la dignité de ma vie, et qui ai tenu à laisser un nom des plus estimés. Si Dieu me donne encore quelques années à vivre, je ne doute pas que ceux qui, sans m'avoir entendu, m'ont blâmé, ne reviennent à moi et ne comprennent un peu tard que celui qu'on a offensé était « le père » et que Dieu a dit : « Tes père et mère honoreras », ce que mes enfants ont oublié. Ma fille a été indigne, elle n'a pas eu une parole affectueuse pour moi, elle ne m'a parlé que de question d'argent et n'a songé qu'à emporter ce qu'elle était venue me demander, sans doute, j'aime à le croire, poussée par son mari, mais c'est elle qui a agi contre son père ; je lui souhaite de ne pas souffrir par ses enfants le mal qu'elle m'a fait. Mon fils a été entraîné, n'a pas eu l'énergie de résister à sa sœur et aux autres. Il aurait dû avoir confiance dans mes sentiments d'honneur, il savait cependant ce que j'avais fait pour lui et ses enfants au moment où sa mère, furieuse de ce que je ne voulais pas prendre la responsabilité de les renvoyer, — ce qu'elle voulait faire, — de Montmorency, où ils étaient en 1901, pour faire entrer les Le Maréchal, a quitté la maison et est venue à Paris consulter pour une séparation de corps, dont elle m'avait souvent menacé, depuis le commencement de mon mariage. J'ai tout supporté pour mes enfants, et sans doute conduits par leur grand'mère, Mme Leveigneur, qui toute sa vie a fait le mal, j'aurais pu lui mettre sous les yeux des lettres de sa fille, mais ceci ne me convenait pas, ils n'ont pas craint de me déconsidérer, ils n'ont réussi qu'auprès de certaines personnes abusées, ma dignité ne me permettant pas d'aller les trouver et de leur fournir des explications que je n'avais pas à leur donner. — J'ai épousé en deuxième noces une femme absolument digne du respect de tous, de la conduite la plus irréprochable — Adolphe l'a reconnu — du reste je ne l'aurais pas épousé s'il en eut été autrement, elle m'a témoigné la plus profonde affection, le plus complet dévouement, aussi, délié, de ce que je peux devoir à mes enfants, ayant voulu assurer après ma mort une petite aisance à celle qui me consacrait sa vie, je lui avais assuré par contrat de mariage le quart de ma fortune en usufruit seulement, aujourd'hui, je lui laisse à elle, ma femme bien-aimée, ce quart en toute propriété, lui demandant si elle ne place pas en rente viagère ce legs, à en faire profiter, après elle, mes petits-enfants. La quotité disponible pour la femme n'étant pas du quart, j'entends que la somme de cent mille francs constituée en dot à Jeanne et payable à ma mort, pour réparer la méchanceté et l'injustice de sa grand'mère envers elle lors de son mariage — libéralité dont elle m'a été bien peu reconnaissante, — soit imputée non sur le quart revenant à ma femme, mais sur la différence entre ce quart et le tiers dont j'ai la disposition pour toute autre personne. S'il n'était pas possible de prendre cette somme de cent mille francs, constituée à Jeanne, sur la différence entre le quart et le tiers, soit complètement, soit en partie, je laisserais cette quotité disponible à mes petits-enfants des deux branches, mais par tête d'enfant, je pardonnerai à mes enfants leur conduite, le mal qu'ils m'ont fait, sous condition expresse qu'ils ne cherchent aucune difficulté à leur belle-mère, qu'ils reconnaîtront leurs torts envers elle, et l'entoureront de tout le respect dont toujours elle a été digne. — Ma chère Femme, je n'ai connu le bonheur que par toi, tu m'as aimé avec le plus complet désintéressement, pardonne à mes enfants et vivez en bonne intelligence et de la vie de famille en souvenir de moi. Je meurs en t'aimant et te donne mon dernier baiser.

Fait à Paris le quinze août mil neuf cent quatre.

Signé : G. LACAN.

Ce testament annule les précédents.

Paris, le quinze août mil neuf cent quatre.

J. LACAN.

Dispositions prises par moi en cas de maladie ou de décès

19 mars 1907.

Si j'étais malade, je repousse toute immixtion dans mes affaires de mes enfants, dont la conduite a été infâme — épithète pas trop forte — car c'est monstrueux, contre nature que je devrais dire, puisqu'ils m'ont abandonné depuis des années, sans se préoccuper de savoir si leur Père n'était pas malheureux, moi qui avais tout fait pour eux. Donc si j'étais malade, ils n'ont pas à venir chez moi, ils n'ont pas à se mêler de ce que ma femme fera, car en elle j'ai pleine et entière confiance, voici qu'elle m'entoure de la plus tendre affection, du plus complet dévouement, et je sais quels soins intelligents et dévoués elle peut me donner ; donc c'est à elle seule que je me confie en cas de maladie. J'ai dit avec raison que j'avais pleine et entière confiance, car on ne joue pas tous les jours, à tous les instants de la vie, pendant trois ans la comédie du dévouement, si l'affection, le dévouement n'existe pas en vous.

En cas de décès, ma femme fera ce qu'elle voudra, elle seule aura à régler l'enterrement et à disposer de ma dépouille mortelle. Mes enfants à ce moment-là apparaîtront, revendiqueront leurs droits sur ma succession, ce sera l'affaire des notaires et peut-être des tribunaux, mais sur moi leurs droits s'arrêtent. — Billets de décès, ma femme jugera ce qui lui conviendra de faire, eux ne pourront rien dire puisque depuis longtemps ils ont renié leur Père, malgré toute son honorabilité à laquelle il n'a jamais failli. — Chapelle funéraire. Je pensais me reposer à côté de mes Père et Mère, de mes Grands-Parents, mais Eugénie a pris ma place, car elle a tout fait pour m'éloigner du cœur de mes enfants ; puis si j'étais enterré dans cette chapelle, il serait à craindre que plus tard on en refusât l'entrée à ma Chère Femme, à côté de qui je tiens à reposer, comme j'ai vécu sur terre dans la plus complète intimité de cœur et de pensées, donc nous devons être réunis dans la mort, soit dans ma Chapelle de famille, mes enfants et mes sœurs prenant l'engagement d'y laisser entrer le corps de ma femme, soit dans une sépulture à élever sur le terrain libre où avaient reposé pendant bien des années mes grands-parents Lacan, soit dans le caveau de la famille Thimonnier de Saint-Louis, mais dans ce cas je désire que sur la pierre où est sculpté les armoiries de la famille on indique mon nom, etc... Ma femme fera ce qu'elle voudra et comme elle l'entendra, elle seule sur terre, avec ma mère, m'ayant donné le dévouement le plus complet et le plus désintéressé.

Fait le dix-neuf mars mil neuf cent sept.

Signé : G. Lacan.

Testament reçu en présence de quatre témoins, le 17 août 1911 :

« Je révoque tous *testaments* antérieurs,

Depuis plus de sept ans mes enfants qui habitent Paris m'ont donné tous sujets de mécontentements par leur inconduite, depuis plus de vingt mois que je suis privé de la vue ils ne m'ont pas donné signe de vie.

Par contre je tiens à remercier ma femme pour son dévouement et son désintéressement de tous les instants.

Je tiens, devant subir prochainement une opération sérieuse qui, je l'espère, me rendra la vue, à assurer mes dernières volontés.

Je dois déclarer que ma fortune s'est sérieusement amoindrie par suite de mauvais placements et que j'ai contracté des rentes viagères — je déclare en outre que j'ai détruit tous mes livres de compte.

Ceci déclaré je lègue à Mme Lacan née Jeanne-Marie Thimonnier de Saint-Louis, ma femme, tout ce dont la loi me permet de disposer tant en toute-propriété qu'en usufruit, ainsi que tous mes papiers personnels et papiers de famille.

Je lègue à la ville de Clamecy (Nièvre), d'où mon père est originaire son buste en marbre grandeur nature par Emile Lambert et son socle en marbre de couleur sur lequel on devra faire inscrire « Don de Gustave Lacan, secrétaire général du Chemin de fer du Nord ».

Je lègue au Musée du Louvre une statuette en terre cuite par Marin « Jeune fille tenant une colombe », ainsi qu'une urne en ivoire ajouré Louis XVI, montée sur bronze finement sculpté — on devra inscrire « Don de Gustave Lacan ».

Je lègue à l'ordre des Avocats à la Cour d'Appel de Paris, dont mon père fut bâtonnier en mil huit cent soixante-douze et mil huit cent soixante-treize ma collection d'autographes des bâtonniers depuis mil huit cent trente — elle devra porter le nom « Collection Gustave Lacan » ; je lui lègue également un album de photographies ayant appartenu à mon père, le bâtonnier Lacan, et contenant avec dédicaces des photographies de bâtonniers et de membres de l'ordre — ainsi que les photographies de jeunes avocats membres de la Conférence Lacan.

Tous les frais, et droits à la charge des legs particuliers qui précèdent seront supportés par ma succession. »

J'institue pour mon exécuteur testamentaire avec saisine M. Asselin, ingénieur en chef du matériel et de la traction au chemin de fer du Nord, demeurant à Paris, rue de Maubeuge, n° 49, et à son défaut, M. Biard, ingénieur principal du matériel roulant du chemin de fer de l'Est, demeurant à Paris, 3, rue Edmond-About.

Je prie mon exécuteur testamentaire de bien vouloir accepter ces fonctions et de choisir à titre de diamant l'objet d'art qui lui conviendra, net de tous frais et droits.

Je tiens à remercier les membres du Comité de Direction du chemin de fer du Nord de l'amitié et de la confiance qu'ils m'ont témoignées en me permettant jusqu'à ce jour d'assurer mon service, ce dont je leur suis très reconnaissant.

Je remercie aussi tout mon personnel du secrétariat général qui n'a cessé de me donner des preuves de son affection.

Signé : G. Lacan.

PREUVES

attestant l'authenticité des notes parues en 1913 et 1915

à la suite du procès

LACAN-BRISSON-JOZON

Depuis mon second mariage, en avril 1904, mes enfants furieux de ma décision et guidés par un unique sentiment de cupidité, se sont éloignés de moi et ont tout fait par leurs dénigrements et leurs insultes pour me brouiller avec les autres membres de ma famille et avec mes amis, à tel point qu'en 1915 j'ai été contraint d'intenter à ma sœur, Madame Brisson-Jozon, un procès en réparation de l'injure qu'elle m'avait faite en prétéritant mon nom et celui de ma femme dans la lettre mortuaire annonçant le décès de son fils.

A diverses reprises, des démarches ont été faites pour arriver à un rapprochement de famille ; loin de se rapprocher de leur père aveugle mes enfants m'éloignent de plus en plus des miens et depuis 17 ans je ne sais directement rien de ce qui se passe dans ma famille, ni naissance, ni mariage, ni décès et ce n'est même que par hasard que j'ai eu conaissance dernièrement de la mort de l'aînée de mes sœurs, mon amie d'enfance. Quand est-elle morte ? Où ? Comment ?

Maintenant qu'il n'y a plus de rapprochement à espérer, je ne dois pas attendre plus longtemps pour faire connaître le vrai caractère de mes enfants et en particulier d'Adolphe Lacan.

Quand il y a un malheur dans une famille aussi grand que le mien, « la cécité », on se rapproche les uns des autres ; contrairement à tous sentiments d'humanité, mes enfants se sont d'autant plus acharnés sournoisement sur mon ménage que je ne puis me défendre, éloignant parents, amis, relations, me retirant en partie la considération du Palais, considération que j'avais toujours eue et à laquelle mon fils savait que je tenais particulièrement.

Dans mes publications de 1913 et 1915, à la suite du procès Lacan-Brisson-Jozon, je n'ai pas voulu, désirant toujours épargner mon fils, montrer à l'appui de mes dires les preuves que je donne aujourd'hui.

Mais il y a une fin à tout, même à la faiblesse paternelle qui n'a pas le droit d'aller au delà de l'honneur d'un homme, aussi je ne dois plus hésiter à faire connaître toute la vérité, avec preuves indiscutables.

Mes enfants continuant à abuser de ma patience, n'ayant pas compris que leurs intérêts étaient pour eux et leurs enfants de finir enfin leur campagne de calomnie, de se rapprocher de leur père et de leur belle-mère, qui a toujours donné tant de preuves de dévouement et d'honorabilité, je me vois donc contraint de mettre sous les yeux quelques documents, choisis parmi un grand nombre, qui donneront une idée des persécutions dont ma femme et moi avons été et sommes toujours poursuivis et qui feront voir ce dont sont capables des enfants qui ne respectent pas même le nom qu'ils portent.

En jetant les yeux sur quelques-unes de ces infamies (dont on ne trouve rien d'approchant dans l'*Assommoir* de Zola) on jugera de l'atmosphère dans laquelle nous vivons quand on reçoit de pareilles ordures chez ses concierges et à quelles humiliations je devais avoir recours pour qu'elles ne tombent pas sous les yeux de ma femme. Ce sont ces tourments qui ont été une des grandes causes de la perte de ma vue et, comme le disait mon avocat au procès de 1915, « ce travail de calomnie (qui ne cesse) est d'autant plus difficile à saisir que, comme l'ont dit tous ceux qui ont écrit sur la calomnie, il est impossible, tant elle rase la terre, de pouvoir s'emparer d'elle. »

Aux quelques cartes postales que je reproduis j'ajoute quelques extraits de notes écrites au jour le jour par ma première femme, la mère d'Adolphe, qui montrent qu'Elle ne se faisait pas d'illusions sur la mentalité de son fils ; ainsi qu'une note écrite par moi, en mars 1907, c'est-à-dire plusieurs années avant que j'aie perdu la vue, note qui résume la misérable situation morale à laquelle les persécutions de mes enfants m'avaient dès ce moment réduit. Ils comptaient que je garderai toujours le silence, connaissant le respect que j'avais du nom si honoré par mon père, le bâtonnier Lacan.

J'aurais dû, dès 1913, dans la première note que j'ai fait paraître, y joindre ces preuves indiscutables de la mentalité de mon fils puisqu'elles sont prises dans les notes écrites au jour le jour par sa mère et confirmées par lui-même dans l'extrait de sa lettre. Ces preuves l'auraient empêché de *jouer le rôle de Tartuffe* et de me faire prêter des sentiments haineux et vindicatifs comme l'avocat de la partie adverse a osé me le dire dans le procès de 1915. Ce ne sont pas ces sentiments-là que l'on peut me reprocher, mais ma grande faiblesse paternelle à laquelle j'ai sacrifié ma seconde femme que j'aurai dû prévenir avant notre mariage de la mentalité de mes enfants et tenir au courant des causes des difficultés que nous rencontrions chaque jour dans notre vie.

Cette triste publication ne m'est pas dictée par un sentiment de haine, mais par un sentiment d'honneur, de justice, et pour tâcher de montrer l'exacte vérité et combien j'ai eu de la patience et de la faiblesse pour mon fils.

Depuis la mort de mon ami d'enfance, Etienne Lamy, que de souffrances, de déceptions et de déCillusions j'ai eues. Si je les publiais, ce serait un scandale c voir que l'on puisse agir ainsi avec un malheureux aveugle. Ces procédés sont encore une des causes qui m'obligent à montrer quelques preuves du martyre que j'endure.

Voulant terminer cette triste publication par un sentiment de reconnaissance et d'admiration envers mon cher Etienne Lamy qui faisait tout pour m'épargner des chagrins, je donne quelques passages de la dernière lettre qu'il m'a adressée, quarante-huit heures avant sa mort :

« *J'ai été et je reste très malade, disent les médecins, qui me défendent de parler et d'écrire, mais je ne veux pas que ce silence ordonné te semble un oubli et je t'envoie ce petit mot de souvenir très fidèle.*

....

« *Je suis prêt à ce que Dieu voudra, et je lui demanderai jusqu'au bout, de mettre un peu de douceur dans votre vie qui a été si rude.*

....

« *Et j'aimerai bien qu'un jour nous puissions parler de cette tragédie de votre vie comme on se souvient de maux réparés.* »

En lisant ces extraits on jugera une fois de plus sa belle, noble et digne personnalité, et quel ami nous avons perdu en Etienne Lamy. Quelle tranquillité d'esprit il me donnait pour l'avenir, car je savais avec quel cœur et quel dévouement il eût été pour ma femme, un appui au milieu des difficultés qu'elle pourrait avoir dans la vie.

Signé : Gustave LACAN.

Mai 1922.

PHOTOGRAPHIE

d'une des notes écrites par M. Gustave LACAN

avant sa cécité

et montrant la préméditation du mal fait par ses Enfants

22 Mars 1909

Il y a des moments où je me sens fatigué, il est certain qu'on ne peut toujours résister aux déchirements que j'ai endurés et que j'endure depuis plusieurs années. Être privé de ses enfants et de ses petits-enfants, ne pouvoir sentir pour eux l'affection naturelle puisque je les ai peu vus ces derniers, et que les autres ont été mes pires ennemis, ils ne se sont arrêtés devant rien, mon fils m'a dit qu'ils empêcheraient mon mariage de se faire et ne reculeraient devant rien, qu'au besoin, lui il brûlerait la cervelle à ma fiancée dans la cour de la Mairie, et que je n'aurais pas la barbarie de le faire condamner ! J'ai bien souffert, mais je n'ai pas un instant, je vais droit mon chemin et rien ne m'arrête, je me suis donc marié, malgré les menaces, malgré les insolences de ma fille, ma bonne,

que je n'ai jamais pu espérer pour mes
[...] ; et c'est pour de tels enfants
que je n'aurais pas cherché à assurer
la tranquillité de ma vie, auprès d'une
femme parfaite ! Ils m'ont menacé
de me faire perdre ma position ———
de me faire fermer toutes les portes de
[parents] et amis, qu'ils ne reculeraient
devant rien, s'ils ne avaient pas
[raison] de moi ; s'ils [n'obtenaient]
ma renonciation à ce mariage, [que]
le St Louis ne leur plaisait pas, qu'en
[disant] que je voulais épouser la [...] X, [laisser]
[...] pour compte, que ils [voulaient] [...]
le [marier] ! que si je passais outre, [...]
[seulement] pas devant la calomnie,
et ils l'ont si bien répandue, que ce
qu'ils en avaient dit à [...] et amis,
parce qu'il ne me [connaissant] pas d'[aller] [...]
ceux que je [...], douter de moi ; en
[...], ne connaissant ou de toujours
ou depuis longtemps, d'[...], douter de [...]
[...] que je [...] toute [...] bas pour
[...] [...] calomnies
de mes enfants. — J'ai [...] de

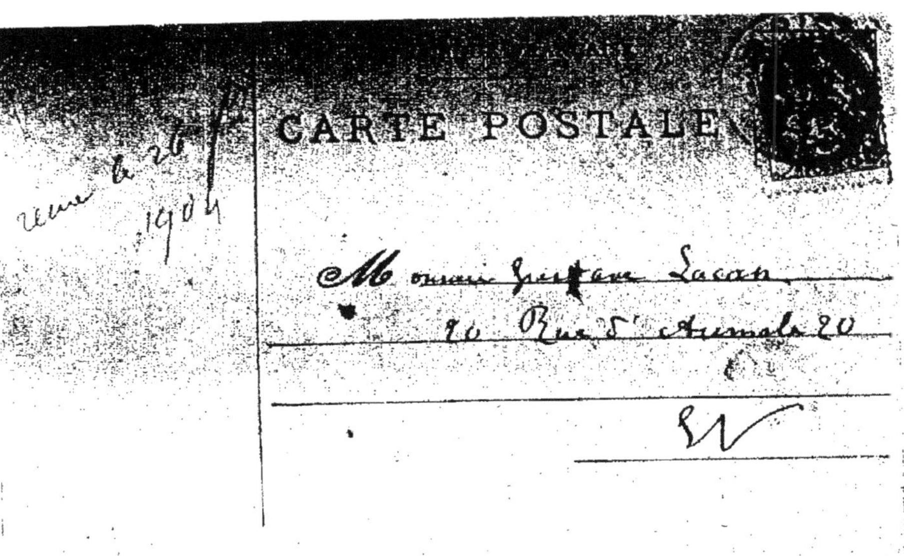

CARTE POSTALE
Monsieur Gustave Lacan
90 Rue d'Assas 20

ASILE D'ALIÉNÉS
Ya longtemps
que tu te devrais
y être!!

(Avril 1904,
remise par Adolphe).

Mr ADOLPHE LACAN,
AVOCAT

Pour remettre à Mr GUSTAVE LACAN
75 RUE D'ANJOU. 75
PARIS

CARTE POSTALE

A utiliser seulement dans le service
(France, Algérie et Tunisie)

Partie réservée à la Correspondance | Adresse du Destinataire

Monsieur Gustave Lacan
20, rue d' Aumale, 20
Paris

Monsieur E. Lacan

13 Rue de Provence

Extrait d'une lettre d'Adolphe
4 juillet 1898...........

Je serais heureux de savoir
que vous me pardonnez l'acte
très répréhensible que j'ai commis.
Je ferai d'ailleurs tout mon
possible pour vous faciliter
ce résultat —
Je vous envoie à tous trois
mes meilleures amitiés.

Mars 19..

Lettre d'Adolphe
Juillet 1898
(et récit d'Eugénie)
pour …

Extraits des notes faites par Eugénie
en 1898
Vendredi 24 Juin, Ste Jeanne —

At one o'clock … me … saying the house … presented … the children … says and …
… very much … one must … that …
… that already … long time. I …
it was … very … — I am …
all that now … and I …
that will be for … and him …
that will be for her … I am …
… I … all … and … affection
… change a little my …

Dimanche 3 juillet ....

TRADUCTION des NOTES faites en 1898
par la Mère d'Adolphe.
(mélange de Français et d'Anglais.)

Vendredi 24 juin. — A une heure Mme Vergniaud me visite en me disant l'horrible nouvelle que j'ai déjà pressentie grâce aux enfants. Elle dit : « Adolphe (Lacan) bat souvent sa femme » ; on doit remédier à cela et elle le sait depuis longtemps. Jeanne (sa femme) a dit que cela est arrivé bien des fois. Je suis bouleversée par toutes ces nouvelles si terribles et je sens combien dangereux ce sera pour notre Jeanne (ma fille) et combien de difficultés cela fera pour son mariage.

Samedi 2 juillet. — Le matin, je vais chez maman très émotionnée par un tel entretien si pénible à dire. Je raconte tout au docteur Motet (médecin aliéniste) qui dit qu'il viendra jeudi vers midi et qu'il faut nous arranger pour avoir Adolphe à la maison afin de l'interroger. Je suis anéantie par cette visite qui m'a tellement impressionnée. De là je vais chez Mme Vergniaud pour lui dire ce que nous faisons pour examiner Adolphe très attentivement et si nous devons le dire à Jeanne (sa femme). Nous sommes d'avis tous trois, M. Vergniaud, Mme Vergniaud et moi de ne rien dire à Jeanne. M. Vergniaud me débite de nouveau beaucoup de choses sur le compte d'Adolphe, que je considère comme des propos de concierge et pas intéressants dans un cas si grave. Je rentre déjeuner à midi et demi éreintée, tuée, affolée, émotionnée, les bras et les jambes comme si j'avais été battue.

3 juillet. — Les enfants viennent dîner ensemble avec Georges et Juliette de Billancourt. Ils sont charmants, très affectueux l'un et l'autre, et Jeanne paraît gaie et heureuse et Adolphe très attentif pour elle comme il ne l'a pas été depuis très longtemps. De 9 heures à 10 heures, Gustave et Adolphe (père et fils) vont dans une chambre et causent pendant tout le temps. Adolphe crie et parle tant, que sa voix est enrouée quand il revient et il dit que toute la faute remonte à Mme Vergniaud qui l'a mis dedans au commencement de son mariage. Il reste encore un quart d'heure puis part avec Jeanne. Je suis si fatiguée, très fatiguée, trop émotionnée à chaque instant, nous parlons avec Gustave jusqu'à minuit.

NOTES RELATIVES
à l'affaire Veuve LACAN contre LACAN

Paris, 10 octobre 1928.

Le 10 octobre 1925 je conduisais à sa dernière demeure, dans mon caveau de famille, au Père Lachaise (selon sa volonté expresse et écrite en 1907) mon infortuné mari qui avait fini de souffrir son long et douloureux martyre, aveugle quinze années et repoussé par ses enfants, M° Adolphe Lacan et Mme André Le Maréchal.

Aujourd'hui 10 octobre 1928, en rentrant du cimetière, je trouve chez moi la signification du jugement obtenu par mon beau-fils, jugement qui peut me mettre dans la rue, celui-ci ayant profité sans conscience, qu'à la mort de mon père (il y a 44 ans) comme j'étais fille unique, il n'y a pas eu d'inventaire ni de *liquidation*.

Si j'accepte les termes de la sentence du jugement qui est intervenu, faute d'avoir un défenseur, l'absence totale de respect et de sentiments généreux de mes beaux-enfants pour leur père âgé et aveugle d'une part, leur attitude et leurs procédés à mon égard depuis trois ans, d'autre part, me laissent entrevoir l'avenir qui m'est réservé.

C'est pourquoi j'écris cette note, à laquelle je ne veux ajouter aucun commentaire (n'ayant d'autre moyen, comme on va le lire, et ne voulant pas recommencer ce que j'ai fait en avril 1927, aller de porte en porte et d'étage en étage à la recherche d'un avocat), de me permettre de trouver un membre du Barreau qui soit « **un caractère** » plaçant au-dessus de tout : le devoir professionnel, sa conscience et la loyauté envers la veuve qui se confie à lui.

Voici un bref aperçu de quelques faits et de la manière dont j'ai été défendue, la raison « le confrère » (mon beau-fils est avocat). Cependant je suis la belle-fille du Bâtonnier Lacan, par mon mariage avec son fils aîné, M. Gustave Lacan, qui, lui aussi, a appartenu au Barreau. Mon mari est décédé le 7 octobre 1925 chez les Frères Saint-Jean-de-Dieu, après y être resté cinq semaines, durant lesquelles je ne l'ai quitté ni jour ni nuit, en plus du profond chagrin que m'a causé sa mort, j'étais complè-

tement déprimée, moralement et physiquement. Mes beaux-
enfants ont profité de mon état, de mon isolement et de mon
ignorance des affaires pour agir et faire agir contre moi.

Mon notaire, M⁰ Huillier, étant mort, et son successeur ayant
invoqué sa parenté avec ma belle-fille, j'ai eu pour le remplacer
un notaire que je ne connaissais pas, M⁰ K... Mon beau-fils en
a profité pour lui faire faire toutes ses volontés, restant dans
la coulisse. Il existe avec ce notaire une correspondance tout à
fait édifiante. Afin que j'emporte quelques vêtements, car on
me mettait à la porte de chez moi, me prenant toutes mes clefs,
ce notaire m'a fait subir l'humiliation de faire visiter ma malle
par mon beau-fils. On m'a fait signer des pièces, qu'y avait-il
d'écrit ? Je l'ignore. Mon beau-fils, lui, a refusé de signer.

L'appartement que j'occupe depuis douze ans, 174, rue de
la Pompe, par la volonté même de mon mari, est à mon nom.
De plus, je suis séparée de biens par contrat de mariage. On est
venu chez moi, on a enlevé tous les papiers que l'on a trouvés ;
ceux de mon mari, les miens, etc... A l'heure actuelle, ils n'ont
encore été, que je sache, ni inventoriés, ni analysés. Il y en
avait pourtant qui m'eussent été bien utiles pour ma défense.
Parmi eux se trouve un dossier fait par mon mari et un de
ses amis. Le lendemain de ce jour, durant toute la matinée,
bien que personne ne me représentât, on fit l'inventaire du
mobilier, etc...

A la suite de ces faits, j'ai été voir un avocat, membre du
Conseil de l'Ordre, et lui ai expliqué ma situation. Il m'a dit
de prendre patience et de changer d'air !!

Fin mars 1926 je reçois du papier timbré que je porte, sans
les lire, à mon avocat, il s'agissait d'un référé demandant la
vente immédiate de tout le mobilier. Pour pouvoir me représenter, l'avocat me dit qu'il lui faut un mot du Bâtonnier. Je
témoigne le plus vif désir d'y assister, mais mon avocat me
déclare que c'est inutile. Après l'audience, je vais le voir, il me
raconte que l'on a dit beaucoup de mal de moi, que M. le Président a dû rappeler mes adversaires au respect dû à la veuve,
mais ne me donne aucune explication, pas plus sur mes droits
que sur ce que je puis faire. Il me dicte un mot pour le notaire
par lequel j'accepte la décision du Président, ordonnant (ainsi
que je l'ai appris par la suite) la vente des meubles donnés par
contrat de mariage et la mise sous séquestre de ceux m'appartenant, séquestre qui dure encore, on m'a rendu, le 1ᵉʳ avril
1926, après six mois, la jouissance de tout mon appartement.

M⁰ R... me parle de son dévouement et me fait comprendre
que je dois lui remettre encore une somme d'argent (une correspondance existe à ce sujet). Au bout de dix-huit mois, il me
déclare qu'il se retire, ne voulant pas plaider contre « le confrère » !!!

Je vais voir différents avocats que l'on m'indique, même ceux auxquels je suis recommandée. Tous me font la même réponse : « le confrère ». Enfin je trouve un avocat qui accepte avec empressement « ma juste cause », ainsi qu'il me l'a écrit. Il me demande de lui remettre ses honoraires. Je n'ai pu lui donner que les trois quarts de la somme importante par lui fixée, il a eu la délicatesse de ne pas me redemander le surplus.

Le 9 juin 1928 on plaide ma cause, mon avocat, M⁰ B..., la veille encore, m'avait assurée de tout son dévouement, déclarant que mon dossier était très bon, mais sans me donner ni me demander d'explications. Il n'est pas à l'appel de la cause. Son adversaire, lui, est présent. M. le Président patiente, puis, lassé d'attendre, donne la parole à l'avocat de mes beaux-enfants. Au cours de la plaidoirie de celui-ci, presque sur la fin, mon avocat arrive (alors qu'il savait que l'audience était consacrée à mon procès), **parle et s'en va.** Profitant de cette absence, l'avocat de mes beaux-enfants réplique tranquillement, détruit les preuves de mes droits que mon défenseur n'a pas développées. Notre affaire, du reste, n'a jamais été clairement indiquée au tableau de la deuxième Chambre.

C'était tragique, sans doute unique, dans les annales judiciaires, de voir une veuve seule, abandonnée en pleine audience par son défenseur, écoutant et ne pouvant réfuter ce que l'on disait. La pitié se lisait sur la figure des magistrats ! A la suite de son attitude, j'ai demandé à mon avocat de me rendre mon dossier.

Si en effet celui-ci était resté à l'audience pour répliquer, il aurait fait ressortir au Tribunal :

Que M. Gustave Lacan, avec les grands sentiments chevaleresques et de cœur dont il était animé, avait, pour se créer le foyer qu'il désirait, fait le sacrifice d'abandonner à ses enfants les avantages provenant de son premier mariage, environ 300.000 francs (trois cent mille francs). De plus, qu'il avait pris dans son lot, lors de la liquidation dressée au décès de Mᵐᵉ Lacan-Leveigneur, toutes les valeurs douteuses, devenues par la suite mauvaises, etc., de sorte que la fortune de huit cent mille francs annoncée de bonne foi par l'avocat de mes beaux-enfants comme existant en 1904, se trouve réduite de beaucoup. Mais naturellement celui-ci n'avait pas contrôlé les chiffres que son client « le confrère » lui avait donnés.

Comment, dans ces conditions, a-t-on établi la quotité disponible. M. Gustave Lacan indique dans ses testaments et notes écrits de sa main, des mauvais placements et des pertes. A quelle époque ? Mon contrat de mariage ne contient aucun apport ni aucune indication.

Que le mobilier qui existait au décès de Mᵐᵉ Lacan-Leveigneur n'était pas aussi considérable que ses enfants le prétendaient. M. Tual, commissaire-priseur, en a fait, en 1903, l'estimation qui s'élève à trente et un mille deux cent quatre-vingt-quatre francs, comprenant les meubles, objets d'art, l'argenterie, les fourrures, bijoux, garde-robe du ménage, etc.

Que mon mari avait donné à ses enfants des meubles, vêtements, fourrures, bijoux, etc., de leur mère ; il existe dans les papiers enlevés chez moi par le notaire, et actuellement dans son étude, des notes et des lettres de remerciements adressées par les enfants à leur père attestant ce fait. Je possède quelques-unes de ces lettres. Que rue de Provence, rue d'Aumale et rue de la Pompe, mon mari a vendu beaucoup d'objets mobiliers (lettre de mon mari à ses enfants que le notaire a eu entre les mains, indiquant ces ventes et déclarant qu'il n'a rien acheté) ce qui complète le dossier qui se trouve chez lui.

Mon avocat aurait dû souligner les sommes versées pour les rentes viagères au profit seul de M. Gustave Lacan, parler des sommes considérables dépensées pour sauver sa vue (premiers oculistes de France et d'Europe que l'on a fait venir à Paris), ses opérations dans les premières cliniques de Paris et de l'Etranger (Suisse et Allemagne) avec infirmiers attachés à sa personne et secrétaire pour le distraire, etc. Ajoutant que dans les familles les plus modestes les dettes du père sont respectées, que le contrat de mariage constitue la dette la plus sacrée puisqu'il doit protéger la femme au moment de la vie où elle en a le plus besoin, âge, santé, surtout après avoir eu un mari aveugle pendant quinze années.

Que l'usufruit du titre de 2.400 francs, date de 1893 (35 ans) a une origine connue des enfants et qu'ils devraient respecter. Il est regrettable que l'avocat n'ait point à ce sujet donné les détails et montré une lettre de mon mari, lettre tout à son avantage, etc...

La sentence rendue est très honorable pour moi. Moralement puisque selon la volonté formelle de mon mari, ses papiers, qu'il me lègue, me sont laissés, ainsi que la correspondance de son père, le Bâtonnier Lacan, correspondance à laquelle il tenait tant, ils doivent m'être remis, mon pauvre mari ayant voulu ainsi honorer sa femme et prouver l'estime qu'il avait pour elle.

Mais faute par mon avocat de m'avoir défendue comme il le devait, d'avoir exposé la situation aux magistrats en leur mettant tous les documents sous les yeux, je perds tous les avantages matériels et reconnus par mon contrat de mariage et les testaments de mon mari (dont le notaire invoque dans la liquidation la caducité des clauses). Me Huillier et mon mari étaient incapables de me faire signer un contrat dans ces conditions. Je perds le bénéfice des rentes viagères contractées conjointement et de moitié avec mon mari et ne suis même pas assurée de conserver mon mobilier de famille, Me A. Lacan s'étant fait attribuer, ainsi qu'à sa sœur Mme Le Maréchal, mon mobilier apporté par contrat de mariage et celui me revenant de ma famille que ma mère, en 1923, quelques mois avant sa mort a tenu à me remettre elle-même. (Des papiers pris par le notaire prouvent ce fait.)

Les frais de mon procès s'élèvent à la somme d'environ 10.000 francs (dix mille francs). Aller en appel, ce serait, m'a-t-on dit, m'exposer à des frais plus considérables encore. Néanmoins je ne veux pas non plus attendre que les forces me manquent et que l'énergie nécessaire me fasse défaut pour régler ma vie.

Je demande donc un avocat qui, avec dévouement et désintéressement, aura le courage de m'aider à mettre un terme à la lutte angoissante et par trop inégale que je soutiens depuis que, par la mort de mon mari, j'ai perdu mon seul et unique appui.

Avec la triste expérience que j'ai acquise depuis trois ans, il serait indélicat de ma part de faire imposer d'office cette cause à un avocat.

Mon infortuné mari ne se faisait plus d'illusions sur la mentalité de ses enfants, aussi sa fin a été navrante. Le malheureux prévoyait l'affreuse situation dans laquelle il laisserait la compagne de ses mauvais jours. Dès 1917, il s'entoure, avec l'aide de son ami d'enfance, Etienne Lamy, de tous les renseignements, fait tous les efforts pour arriver à un résultat : dégager sa femme, ne veut reculer devant aucun sacrifice, même de son reste de bonheur « le divorce » seul remède que lui conseille son ami qui a parlé avec des juristes de la situation.

Ma mère, très religieuse, s'y oppose. Après sa mort, en 1923, mon mari me reparle à nouveau de cette solution ou du seul moyen qu'il a encore d'assurer ma tranquillité, vendre le reste de son mobilier et se retirer dans une maison de santé. Mais pour rien au monde je n'aurais voulu abandonner mon malheureux mari aveugle, le laisser sans domicile et lui enlever enfin la satisfaction de toucher quelques meubles qu'il affectionnait tout particulièrement. Malgré la misérable vie que je mène depuis trois ans, toujours persécutée, je ne regrette pas d'avoir accompli mon devoir jusqu'au dernier moment.

Les quelques faits dont je parle seulement, sont relatés dans des dossiers avec lettres, consultations juridiques, etc., ces papiers n'ont pas été versés au procès.

Heureusement que les grands chefs des Compagnies de chemins de fer sont demeurés les amis fidèles de mon malheureux mari, et jusqu'à ses derniers moments, chez les Frères Saint-Jean-de-Dieu, lui ont donné des témoignages de leur amitié et de leur affectueuse sollicitude.

A son lit de mort, mon mari m'a fait renouveler la promesse de défendre l'honorabilité de notre ménage, ainsi que de faire aimer et respecter sa mémoire, par ses petits-enfants dont il a été privé, après avoir fait de son vivant tout pour l'aider à supporter son affreux calvaire moral et physique ; je ferai tout pour tenir cette promesse qui pour moi est sacrée envers celui qui n'a cessé de me donner tant de preuves de sa profonde affection.

Mon mari écrivait le 4 novembre 1905, dans une de ses notes entièrement de sa main :

« ... Ma femme aura à se défendre et à défendre ma mé-« moire, elle aura raison, elle sera dans son droit, elle aura « assez souffert... »

Ses enfants ont prouvé que ses pressentiments ne l'avaient pas trompé. En effet, ils ont refusé de laisser payer sur l'argent qu'il laissait, les frais de dernière maladie et ceux de l'enterrement, les trouvant excessifs (convoi de 5e classe). Il a fallu du papier timbré et un référé pour les acquitter, car ils prétendaient que ce soin incombait à la veuve, bien qu'elle n'eut donné sa signature que sur le refus du fils de signer.

Je m'excuse du décousu de mon style. Un ami de la famille a trouvé qu'il valait mieux que l'on ne sente pas de correction, que l'on verrait la sincérité des faits, que je suis prête à prouver, ainsi qu'à répondre par écrit à toutes questions qui pourront m'être posées. J'avais fait cette même demande au notaire liquidateur, Me K..., qui s'était chargé de mes intérêts et aurait dû les défendre ! Il ne m'a jamais posé aucune question.

Je demande que l'on considère cette note non pas comme émanant d'une femme qui veut faire la forte tête, mais d'y voir seulement une malheureuse qui cherche à se défendre contre « le destin » qui l'accable.

Enfin je m'excuse aussi d'adresser cette note au hasard, j'espère que Messieurs les Bâtonniers seront les premiers à comprendre ma souffrance, la correction et la patience dont je fais preuve depuis trois ans. Je demande qu'on me retourne cette note ou qu'on la fasse passer à un confrère. Je ne puis croire que parmi tant d'avocats inscrits au Barreau, il ne s'en trouve pas un ayant à cœur de sauver l'honneur de la corporation « défendre la veuve » malgré « le confrère ».

Je termine en adressant à Me Georges Berton et Me Cartault, avoués, l'expression de ma gratitude pour l'intérêt qu'ils m'ont témoigné.

Je crois utile et nécessaire, pour mieux faire comprendre la situation, de reproduire la fin de la partie, que mon avocat a un peu développée dans sa trop brève plaidoirie (prise par un sténographe assermenté, ainsi que la plaidoirie et la réplique de l'adversaire). Il est profondément regrettable, pour moi, qu'il n'ait pas pris le temps d'étudier lui-même mon dossier, qu'il n'ait pas plaidé le premier (étant demandeur) écouté son adversaire, et surtout entendu la réplique de celui-ci pour y répondre. Avec tous les documents qu'il possédait, mon avocat était à même, j'en suis convaincue, de faire une éloquente et utile plaidoirie pour moi.

« Même rectifié, l'état liquidatif, et c'est là le dernier objet « de mes observations, ne fait pas apparaître les chiffres exacts « et réels de la quotité disponible. Arbitrairement, les notaires « ont omis de porter sur la masse successorale active, des titres « et valeurs ou créances comme n'ayant aucune valeur.

« En voulez-vous un exemple, à la page 80 de l'état liqui-« datif, nous voyons, 20 actions de la Société du Puits de « Padirac, cent actions des Moteurs à Haute Tension...., etc. « Or, Messieurs, Mme Lacan qui, vous l'entendez bien, n'est pas « dans la finance et ne peut pas se renseigner sur tous les « points de cette liquidation, a eu l'idée de pratiquer des son-« dages et de se renseigner au hasard. Vous allez voir les ren-« seignements que ces sondages ont donnés. Elle s'est adressée « à une société qui donne le plus facilement des renseignements, « la Société du Puits de Padirac (1).

« Or, elle s'est procuré le rapport du Conseil d'administration « et nous avons été surpris, elle d'abord, moi ensuite, de songer « que cette curiosité, cette merveille du Causse, pour reprendre « les termes classiques, ont donné des résultats aussi impor-« tants, il n'en est pas moins vrai que le rapport du Conseil « d'administration nous fait savoir que les dividendes pour le « dernier exercice, fixaient à 40 % les intérêts. Voilà ce qu'a « donné le Puits de Padirac ! Avis à ceux qui s'intéressent aux « affaires de firmes.

« Qu'a fait le liquidateur ? Le liquidateur a déclaré que « c'était des actions sans intérêt, des titres qui donnent 40 % « de dividende sont, suivant le liquidateur, sans intérêt.

« Ainsi, Messieurs, les liquidateurs ne se sont pas rensei-« gnés, ils ont pratiqué un travail, j'ose le dire, à la légère, « sans prendre les renseignements indispensables, et il appar-« tient sur ce point au Tribunal, dans l'intérêt de la vérité, de « rectifier ce travail, et de reconnaître les droits de Mme Lacan.

« Un mot encore, et j'en aurai terminé, c'est à la fois la « partie la plus émouvante et la plus douloureuse de mes expli-« cations. C'est pour vous montrer comment, toutes les parties « étant majeures, cette liquidation n'a pu avoir lieu à l'amiable, « les motifs sont très graves, ils sont aussi très simples, mais

---

(1) Je n'ai jamais connu ni su les affaires de mon mari, qui même après sa cécité a continué à s'occuper des miennes et des siennes avec des tiers, je ne puis rien contrôler. Je connaissais Padirac parce que mon mari s'y était tout particulièrement intéressé dès le début. Il connaissait M. Martel qui a découvert et exploré cette grotte.

« ils sont extrêmement douloureux, c'est une navrante histoire,
« je ne veux point vous la conter, je vais simplement la résumer.

« M. Gustave Lacan qui avait débuté au Barreau, était
« devenu de chef de bureau à la Préfecture de la Seine, secré-
« taire général de la Compagnie des Chemins de fer du Nord.
« Sur la sollicitation même des directeurs des Compagnies de
« chemins de fer, il était secrétaire général de la Fédération
« des Compagnies de chemins de fer, et vous savez l'essor qu'ont
« subi les Compagnies de chemins de fer. Vous voyez l'impor-
« tance de ses fonctions. C'était un homme d'honneur, loyal,
« probe.

« Sa première femme avait été parfaite comme vertu, mais
« elle avait un caractère très dur, difficile, qui provenait de son
« état de santé, elle est morte à 55 ans.

« La vie conjugale de M. Lacan n'avait pas été heureuse,
« elle avait été attristée par la situation familiale douloureuse,
• et après la mort de sa femme, ses enfants ayant un foyer,
« délaissant quelque peu leur père, ils s'étaient chacun créé
« leur vie, il sentit l'immensité de sa solitude et quatorze mois
« après la mort de sa femme, il se remaria, pour échapper à
« cette solitude morale et matérielle qui l'oppressait.

« C'est alors que se manifesta entre les enfants du premier
« lit et la jeune femme qui entrait au foyer de leur père, d'où
« leur mère était absente, une hostilité qui ne devrait pas
« exister (1).

« Pourtant, le mariage était honorable en tous points,
« Mlle Thimonnier de Saint-Louis dont il est impossibble de dire
« la moindre des choses, ainsi que sur sa famille, avait une
« situation de fortune convenable, honorabilité indiscutable, et
« d'autre part, le mariage s'était fait sous des auspices les plus
« heureuses, Mlle Thimonnier de Saint-Louis ayant apprécié le
« grand caractère, ayant donné son affection à M. Lacan, veuf,
« lui donnait un foyer nouveau et un dévouement consolateur
« de l'effroyable calamité qui, quelques temps après, devait
« s'abattre sur eux. M. Lacan devint aveugle, et dans les cinq
« dernières années de sa vie il souffrit de douleurs atroces pro-
« voquées par une autre maladie qui, très rapidement, amena
« sa fin.

« Ce qu'a été le calvaire de la vie de cet homme pendant
« ces dernières années, je le dirai mal, vous n'aurez qu'à jeter
« un coup d'œil sur le dossier, sur les notes personnelles qu'écri-
« vait M. Lacan, sorte de mémoires où il écrivait en même temps
« ses souffrances et rendait hommage au dévouement de la

---

(1) Je n'ai jamais eu aucun rapport avec mes beaux-enfants et ce
n'est que sur les derniers jours de mon regretté mari, devenu aveugle
de chagrin, que j'ai eu la preuve (écrits anonymes, etc.) de leur indigne
conduite envers moi.

« femme admirable qui lui avait sacrifié sa jeunesse, qui lui
« avait donné sa tendresse pour tâcher de lui adoucir les der-
« niers temps de sa vie.

« Vous trouverez dans mon dossier, une lettre du médecin
« traitant qui rend hommage au dévouement de Mme Lacan,
« vous trouverez d'autre part, que la mère de Mme Lacan a été
« elle-même d'un dévouement aussi admirable.

« Quant à M. Lacan, il a fait tout ce qu'il était possible
« pour se réconcilier avec ses enfants et vous trouverez une
« correspondance qui montre qu'il se heurta à l'indifférence des
« enfants. J'ai ici une série de documents que, dans une audience
« publique il est difficile d'apporter, mais tout a été fait par
« l'intermédiaire de M. Lamy, qui était secrétaire perpétuel de
« l'Académie Française, par l'intermédiaire de l'éminent bâton-
« nier Henri Robert. Toutes les possibilités ont été envisagées
« pour tenter un rapprochement. Hélas ! et ce sera mon dernier
« mot, la réponse qui a été faite était d'une sécheresse qui va
« au cœur (1).

. . . .

____

(1) La réponse à la lettre que le père avait écrite et portée lui-même
à son fils a été faite par un clerc de son notaire. Cet ultime espoir
perdu, le malheureux père aveugle est tombé dans une tristesse encore
plus profonde dont rien ne pouvait le distraire.

Quelques extraits de notes écrites par M. Gustave LACAN

1ᵉʳ janvier 1905.

. . . .
. . . .

Personne ne sait ce que j'ai souffert, personne ne s'en doute,
par mes enfants ; heureusement que ma femme pleine de cœur,
de grandeur d'âme, d'élévation, ne fait pas retomber sur moi
tous ces froissements d'amour-propre qui nous accablent, nous
poursuivent journellement. Et ce sont mes enfants qui me font
cette existence dans la seule crainte que je ne dépense ma fortune personnelle. Ils sont bien les petits-enfants de la mère
Leveigneur, sur le compte de qui je pourrais dire beaucoup
de choses.
Carte anonyme reçue chez moi le 1ᵉʳ janvier 1905 : **un cochon
et une truie,** souhaits de bonne année, prospérité . . . .
. . . .

14 mars 1905.

Personne ne sait, ma femme elle-même en qui j'ai la plus
entière confiance, qui connaît toutes mes pensées, avec qui je
vis depuis onze mois, dans la plus complète amitié de cœur,
personne ne sait ce que j'ai souffert de la conduite de mes
enfants ; qui n'ont reculé devant rien, devant aucune considération de famille, devant aucun sentiment affectueux et de
respect pour moi leur père, qui ont fait le plus grand mal en
cherchant à m'enlever la considération de la famille et des amis
par tous les propos calomnieux qu'ils ont lancés contre la
femme très honorable que j'avais épousée et contre moi. **S'ils
ne m'ont pas acculé au suicide,** *c'est que j'avais à protéger et*
à défendre l'honneur de ma femme et le mien, et que mes sen-
timents religieux ne me permettaient pas de déserter la lutte,
d'y mettre fin ; ce que j'ai souffert par eux on ne le saura
jamais ; ils m'ont séparé de mes petits-enfants, voici onze mois
que je ne les ai vus ; je ne sais que, par hasard, comment ils
vont ! en novembre Robert a subi une opération d'appendicite,
ma fille m'a envoyé un mot le matin même de l'opération, ne

*voulant pas que je puisse dire qu'elle ne me l'avait même pas
annoncée et en quels termes !*

. . . .

Elle est mauvaise fille, que Dieu ne la punisse pas un jour
en ses enfants ; elle comprendrait alors le mal qu'elle m'a fait,
moi qui me trouve avoir tout perdu, enfants, petits-enfants et
*qui n'aurais qu'à mourir, si je n'avais l'affection, le dévouement
de l'épouse la plus admirable et on a cherché à m'éloigner d'elle,
à m'ôter toute confiance en elle.* Que serais-je donc devenu avec
des enfants qui se conduisent ainsi, si je n'avais pas ce dévouement de tous les instants.

. . . .

7 septembre 1906.

Depuis un certain nombre d'années j'avais fait de mauvais
placements en valeurs minières, industrielles (Exposition de
1900), financières, etc. Pour éviter des observations désagréables
d'Eugénie, et comme ma fortune, augmentée de mes appointements, et même sans mes appointements, était bien supérieure
à la sienne, et me donnait une certaine liberté dans mes placements, *j'ai laissé sur les livres de comptes subsister des valeurs
vendues. J'ai su depuis qu'Eugénie avait pris copie de mes livres
et avait dû les remettre à Ado ou à Jeanne, si bien qu'il ont pu
supposer* — c'est triste que la mère ait amené ses enfants à cet
état d'âme contre leur père ! — *que je n'avais pas remis à la
succession tout ce qui existait, alors que M. Moreau, notre
notaire, ou plutôt mon notaire, car c'est moi qui lui ai apporté
ma clientèle, a eu en mains* **tous** *les titres que j'avais, et que
même dans la liquidation, j'ai naïvement pris dans ma part,*
pour **le prix d'achat** — sauf celles Voirin — toutes les valeurs
douteuses, qui du reste sont devenues de mauvaises valeurs, presque toutes en faillite, et que j'aurais pu les partager avec eux,
y compris les valeurs Voirin, mais j'ai voulu leur éviter des difficultés et des pertes d'argent, dont ils me sont aujourd'hui bien
peu reconnaissants !

*Je me rappelle qu'un jour, depuis mon mariage, Adolphe m'a
dit que dans les successions il arrivait souvent qu'on détournait
des titres au porteur. J'avoue que je n'avais pas compris, que je
n'avais pu voir une allusion ; du reste, sauf les mauvaises valeurs,
toute ma fortune et celle d'Eugénie était au nominatif. Donc,
rien à dire,* mais qu'Eugénie a donc été traître envers moi toute
sa vie, moi qui l'ai supportée malade et désagréable, elle a semé,
et après sa mort, par ses écrits, a continué à semer la division
de famille, la haine, ce mot est tristement vrai, des enfants pour
leur père, et ce sont ses enfants qui en seront punis dans la seule

chose qui les touche : « **l'argent** », *car je suis décidé, devant leur acharnement contre moi, qui n'ai même pas de petits-enfants, à mettre ma fortune en viager.*

Signé : G. Lacan.

M. Moreau, mon notaire, à qui j'en ai parlé depuis, m'a dit : « Mais ils ne peuvent pas se plaindre, vous avez *beaucoup aug-* « *menté l'actif de communauté, cela résulte de la liquidation.* »

G. L.

Note relative à l'affaire Vve LACAN contre LACAN
(Suite)

« 26 novembre 1928.

Le 9 novembre 1928, j'écrivais à une personnalité du Palais ce qui suit :

« Jamais je n'ai cherché à lutter avec mes beaux-enfants, « ils m'ont attaquée, calomniée, salie, etc., et, comme c'était « mon droit, je n'ai eu qu'une pensée, lorsque j'en ai eu con- « naissance, « me défendre ». J'avais désiré et souhaité qu'ils « revinssent à leur père, cela aurait apporté un adoucissement « à la tristesse de notre intérieur, diminué les fatigues phy- « siques et morales que ma vénérée mère et moi avons endurées « les quinze dernières années de la vie de mon infortuné mari. »

. . . .

« On me dit que si j'interjette appel, je puis être tranquille, « mon procès pouvant durer de longues années. Mais on ne « sait qui vit, ni qui meurt. Mes beaux-enfants peuvent s'en « aller avant moi. Ce serait donc aux petits-enfants de mon « mari qu'incomberait le fardeau de le continuer. A cette « pensée, j'ai un scrupule, et j'en fais un cas de conscience. »

« Aussi, en mémoire du malheureux père martyr, qui a « perdu la vue de chagrin, qui a souvent tenté, notamment avec « le concours de son ami, M. Anselle, président de la Première « Chambre, une réconciliation et qui, le jour même de l'armis- « tice, lui disait en pleurant : « Avec mes enfants, rien à « faire », je veux essayer une dernière fois d'arrêter le scan- « dale de cet odieux procès. C'est pourquoi je vous demande

« Monsieur.... si vous voulez bien m'aider à en terminer *de*
« *suite* avec mes beaux-enfants..

....

    « Mon intention, si l'on me propose une solution équitable,
« que je puisse accepter, est de vous prier de faire le partage
« des papiers et médailles venant du Bâtonnier Lacan entre
« les petits-enfants et en leur remettant ces précieuses reliques,
« en souvenir de leur grand-père, mon mari, d'y joindre pour
« chacun d'eux sa photographie. »

....

A la suite de ma lettre, cette personnalité me convoquait
dans son cabinet pour le 21 novembre. Mais elle avait dû, elle
aussi, se heurter au défaut de jugement et au manque de cœur
de M⁰ Lacan, **car elle n'avait aucune proposition d'arrangement
à me soumettre.**

On m'offre de me donner un avocat d'office, honnête et
habile dans l'art de bien dire, mais je ne puis accepter.

En effet, cet avocat possédant à fond son sujet, y met toute
son âme, plaide avec vigueur et énergie ; en un mot s'exprime
comme il le doit, il se fera des ennemis.

Si sa plaidoirie au contraire est molle et sans consistance,
on lui reprochera d'être de connivence avec son adversaire.

Dans l'un et l'autre cas, sa réputation est en jeu.

Il me faut donc un avocat qui, agissant de son plein gré,
sans contrainte, en toute liberté, se charge de mon procès, un
avocat qui soit un caractère, qui soit bien pénétré du rôle qu'il
remplit dans la société, lequel devrait en quelque sorte être un
sacerdoce, animé des plus grands sentiments de justice et
d'équité : enfin qui mette tout son cœur à la défense d'une
noble et juste cause qui a pour but **« de faire aimer et respecter
la mémoire du grand-père qui a été privé de ses petits-enfants.
Défendre l'honorabilité du ménage, des grands-parents, l'honneur et l'existence d'une épouse qui s'est sacrifiée pour son
mari devenu aveugle. »**

Je ne doute pas que l'avocat qui voudrait étudier sérieusement mon dossier, après avoir vu **tout** ce qui s'est fait et
passé depuis 25 ans ne se passionne pour cette belle cause.

En persévérant à faire mieux connaître cette affaire « Lacan
contre Lacan », je finirai, j'en suis convaincue, à trouver un
défenseur semblable à celui dont parle M. Charles Omessa
dans un magnifique article **« Sur un avocat »**, paru en première
page du numéro de la **Liberté,** du 2 juillet 1928, intitulé « Une
Conscience ».

En envoyant ma note du 10 octobre, j'avais demandé que
l'on me la renvoyât. Nombre d'avocats se sont fait un scrupule
de me la retourner, en l'accompagnant d'un mot courtois et
respectueux, mais aucun ne m'a fait connaître qu'il se char-

geait de m'aider à mettre fin à ma lamentable situation. Pourquoi ? Je l'ignore, car aucun ne m'en a donné la raison, mais je me refuse à croire que ce soit uniquement pour une misérable question d'argent.

Veuve LACAN.

P. S. — J'ai attendu jusqu'au dernier moment pour interjeter appel et ce n'est que le 8 décembre que l'acte a été signifié à mes beaux-enfants.

Veuve LACAN.

En 1917, mon mari voulant encore tenter un rapprochement avec ses enfants pour voir ses petits-enfants et en vue de leur avenir (éviter le procès qu'il prévoyait après lui) en avait parlé à son ami d'enfance, Etienne Lamy, Secrétaire Perpétuel de l'Académie Française. En voici quelques preuves : (voir aussi page 8 de la note du 10 octobre 1928).

« 26 *mars* 1917. — Mon très cher Gustave, la lettre que tu
« désires je tiens à te l'envoyer avant mon départ pour Antibes.
« A mon retour, vers le 15 avril, je viendrais prendre de tes
« nouvelles. Mes respectueux hommages à Mme Lacan et bien
« à toi. »

« *Signé :* Etienne LAMY. »

« *Académie Française, 26 mars 1917.* — Mon cher Bâton-
« nier et Ami (Me Henri Robert). Un mot d'introduction près
« de vous m'est demandé par le fils de votre prédécesseur au
« bâtonnat, M. Gustave Lacan. Il a de graves difficultés de
« famille sur lesquelles il voudrait vous consulter. Je ne peux
« refuser à un de mes plus vieux amis la preuve d'estime et
« d'attachement qu'il me demande en souhaitant de vous être
« présenté par moi. Et je serais très heureux si grâce à vous
« la paix pouvait lui être rendue. Elle lui serait d'autant plus
« nécessaire qu'il est devenu aveugle et que les soucis rendent
« plus pénibles son infirmité. — Veuillez agréer, mon cher
« Bâtonnier et ami, l'expression de mes meilleurs souvenirs.

« *Signé :* Etienne LAMY. »

Le 29 mai 1917, Me Henri Robert écrivait à mon mari :
« J'ai fait la commission dont vous m'aviez chargé. Il m'a
« été répondu que le plus simple était de mettre les notaires
« en rapport pour voir si une entente était possible. »

Le 1er juin 1917, M° Huillier, notaire, écrivait à mon mari :
« D'après tout ce que j'ai su jusqu'à présent de vos rap-
« ports de famille, je ne crois pas à la possibilité de l'entente
« que conseille le Bâtonnier. »

M⁽ Huillier, avec sa grande expérience du Palais, nous avait prévenus, mon mari et moi, de l'attitude que prenaient dans un procès les avocats quand il y a en cause « un Confrère », attitude qui facilite tant de mal.

Mon pauvre mari avait une si haute opinion du Barreau, un si profond respect pour ses « Pairs » qu'il me répétait souvent ce que lui avait dit le Bâtonnier, Mᵉ Martini, avocat de la Compagnie du Nord, que belle-fille d'un ancien Bâtonnier, on ferait tout après lui pour que j'aie la tranquillité et que tout se passe avec dignité. Puisse mon infortuné mari avoir conservé cette illusion jusqu'à son dernier moment !

Par respect pour la mémoire de mon mari et voulant me conformer à sa volonté, j'écrivis le 9 novembre 1928 à M. le Bâtonnier Guillaumin : ....

(Voir la note du 26 novembre 1928.)

Au commencement de décembre dernier, mon beau-fils, Mᵉ Lacan, me fit savoir par téléphone qu'il avait demandé à M. le Bâtonnier de se rencontrer avec moi, dans son Cabinet, pour un arrangement.

Je fis part de cette communication téléphonique à mon avoué près la Cour d'Appel, Mᵉ Ribadeau-Dumas (lequel, la première fois que je l'ai vu, m'a de suite conseillé qu'il fallait immédiatement terminer cette affaire à l'amiable) le priant de bien vouloir se charger d'un règlement si l'occasion lui en était offerte, lui ajoutant qu'étant donnée la confiance qu'il m'inspirait, j'accepterai ce qu'il jugerait convenable.

Mᵉ Ribadeau-Dumas m'ayant dit que mon beau-fils lui avait causé, sans me rapporter sa conversation, je lui écrivais : « Avec votre science juridique, votre compétence et votre grande « expérience des affaires et des hommes, vous savez quels sont « mes droits. Mon beau-fils est avocat, depuis 30 ans, par consé- « quent il n'ignore pas (d'autant moins que c'est lui qui mène « toute l'affaire) la situation. Un nouvel entretien que vous aurez « ensemble démontrera si Mᵉ Lacan est sincère ou s'il veut « recommencer la comédie jouée avec Mᵉ Berton, avoué. Je vous « demande donc avec instance de vouloir bien me faire con- « naître, avant la fin de l'année, la solution qui doit intervenir. « Si je n'ai pas une réponse satisfaisante de vous, c'est que mon « beau-fils en vous disant, ainsi qu'il l'a déclaré à Mᵉ le Bâton- « nier, qu'il était désireux d'un arrangement, a voulu jouer au « plus fin et abuser également de votre bonne foi. »

Je ne donne pour le moment qu'un petit aperçu des souffrances endurées et de la mentalité de Mᵉ Lacan, qui depuis 1904 s'est toujours retranché pour faire le mal, derrière son beau-frère et sa sœur, aux intérêts de laquelle il a causé un grave préjudice en repoussant, sans peut-être l'en aviser, les avances que son père faisait.

A l'heure actuelle aucun arrangement ne m'a été offert. Durant trois années j'ai été malade, ce qui explique le silence que j'ai observé, or ce n'est pas en le gardant que je trouverai le défenseur qu'il me faut pour exposer mon affaire et la plaider avec toute l'ampleur et le sérieux qu'elle mérite.

Je suis persuadée que parmi les avocats qui, maintenant, sont au courant de ma lamentable situation, il s'en trouve regrettant de ne pas m'offrir leur concours. C'est si peu français de ne pas secourir le faible : une veuve qui a eu le courage de tout sacrifier pour éviter de nouveaux chagrins à son mari aveugle (je puis en donner les preuves).

Je ne désespère pas que, de par le monde, je trouverai enfin un avocat, qui mette sa conscience professionnelle au-dessus de la « Camaraderie » et que cet avocat plaidera loyalement devant la Justice.

M. le Bâtonnier Guillaumin, c'est plus que probable, aurait accepté de me réunir avec mon beau-fils dans son cabinet, s'il avait cru à la sincérité de mon adversaire, à son désir de mettre fin à la situation fâcheuse que crée cette affaire « Lacan contre Lacan », à l'Ordre des avocats, et en particulier au Conseil de l'Ordre dont mon beau-fils fait maintenant partie.

Combien M. le Bâtonnier a vu juste ! !

Veuve LACAN.

Nota. — Mes moyens ne me permettent pas d'adresser ma brochure à tous les avocats et avocats-stagiaires inscrits sur « *l'Annuaire de la Cour d'Appel de Paris* », c'est pourquoi je l'envoie en prenant un certain nombre de noms au hasard.

IMP. EXPRESS, 45, RUE CHARITÉ - LYON — 12528